DIDIER COLIN

SAGITTAIRE

Découvrez votre ciel intérieur
et incarnez votre signe astral

FIRST
ÉDITIONS

ISBN : 978-2-412-09625-3
Dépôt légal : octobre 2024
Imprimé en France

Directrice éditoriale : Marie-Anne Jost-Kotik
Responsable éditoriale : Aline Sibony
Directrice d'ouvrage : Florence Lécuyer
Éditrice : Anne Foubert
Correction : Mathilde Periat/La Machine à mots
Mise en pages : Fabrice Del Rio Ruiz
Illustrations : Sandrine Fourrier

Éditions First, un département d'Édi8
92, avenue de France
75013 Paris
France
Tél. : 01 44 16 09 00
E-mail : firstinfo@efirst.com
Site Internet : www.editionsfirst.fr

SOMMAIRE

Bienvenue dans votre ***signe natal***, celui que vous croyez si bien ***connaître***, mais que nous allons probablement (re)DÉCOUVRIR ENSEMBLE.

♐

En coloriant le Sagittaire dans son cercle magique, demandez-vous jusqu'à quel point vous incarnez votre signe natal ? Est-ce lui qui vous ressemble, ou vous qui lui ressemblez ?

UNE BRÈVE INITIATION
à l'astrologie

À l'heure de la mondialisation des échanges commerciaux et des relations humaines virtuelles, établies presque à l'échelon international grâce à l'Internet, non seulement nous oublions fréquemment ce qui nous rassemble depuis toujours, mais nous finissons par perdre ce qui nous caractérise et nous singularise : notre identité !

Notre identité ne se résume pas à des papiers. Elle constitue avant tout le noyau de notre personnalité que nous façonnons jour après jour d'une part en nous efforçant d'être nous-même, simplement tout ce que nous sommes, afin de nous distinguer de nos semblables, d'autre part en nous identifiant à des signes, à des symboles, à des éléments, à des modèles, à des styles qui nous ressemblent ou en lesquels nous nous reconnaissons.

Parmi la richesse des éléments et des styles que nous possédons en commun, et qui peuvent donc nous aider à façonner notre personnalité, nous trouvons le zodiaque. Instrument universel qui nous permet de déceler les liens subtils qui nous unissent au monde qui nous entoure, le zodiaque partout représenté par les civilisations qui ont précédé la nôtre selon leurs cultures distinctes, nous concerne toujours intimement, tous et toutes autant que nous sommes. Nous trouvons également des images des peintures, des sculptures, toute une iconographie toujours vivante, témoignant des interprétations et des visions du monde de nos ancêtres. En contemplant ces images universelles, nous pouvons dès lors voir le monde avec leurs yeux et reconnaître celles d'entre elles qui nous « parlent » encore, de nos jours.

Ainsi, à côté de l'universalisme du zodiaque, instrument scientifique avant l'heure, conçu à partir d'une observation attentive et systématique des analogies, des occurrences, des coïncidences, des corrélations et des interactions relevées entre des phénomènes célestes cycliques et des événements terrestres récurrents, il existe aussi l'universalisme des images belles, pieuses ou inspirées : les figures de l'art rupestre, les dessins, les peintures de l'art traditionnel japonais, indien (de l'Inde), amérindien, aztèque, incas, persan, chinois, les papyrus, les stèles et les fresques de l'art de l'Égypte ancienne, les signes et les symboles de l'art celtique, les icônes russes, les enluminures des parchemins et des livres des moines copistes, les vitraux, les mandorles et les triptyques du Moyen Âge, etc.

Dans ce livre, vous trouverez donc tout ce qui vous relie au ciel, à la nature et à vous-même, tout ce qui peut vous aider à mieux comprendre votre personnalité, grâce à l'universalisme du zodiaque. Mais vous trouverez également un certain nombre d'illustrations puisées dans l'imagerie universelle, issue de la créativité de nos ancêtres, qui vous aideront à méditer sur des thèmes et des sujets importants pour vous.

D'où vient le zodiaque ?

Plutôt que nous laisser passivement influencer par les prétendues prévisions que, par l'intermédiaire des médias et de l'Internet, l'on nous distille chaque jour, je vous invite à découvrir l'origine du zodiaque, sa fonction, son utilité et ses limites.

Dans le zodiaque, cet immense miroir imaginaire de nos âmes, de nos psychologies et de nos destinées, suspendu au-dessus de nos têtes, à l'intérieur duquel gravitent et se déplacent les astres que nos ancêtres identifiaient à des dieux, nous pouvons comprendre ce que nous sommes, prendre conscience des atouts dont nous disposons pour vivre, nous épanouir, nous aimer, devenir des êtres humains et conscients.

L'anneau zodiacal

Levez la tête et regardez le ciel. Nulle part vous ne verrez le zodiaque. Il s'agit en effet d'un anneau fictif, nous dirions virtuel aujourd'hui, un cercle imaginaire de 360 degrés, projeté autour de la Terre par nos ancêtres des premières civilisations de l'humanité, et qui leur permettait d'observer la progression et les situations de la Lune, du Soleil et des astres. En suivant le mouvement « apparent » du Soleil autour de la Terre, que les astronomes nomment l'écliptique, ils imaginèrent un anneau mesurant environ 17 degrés de large, entourant la Terre. Cela correspond à l'espacement nécessaire pour observer le déplacement de tous les astres que les adeptes de l'astronomie sacrée de jadis observaient : la Lune et le

Soleil d'abord, puis, dans leur sillage, Mercure, Vénus, Mars, Jupiter et Saturne. Ainsi le zodiaque, ou « zone céleste », se place dans une sphère céleste, un pur produit de l'imagination elle aussi, dont tous les repères sont strictement identiques à ceux établis pour mesurer la Terre. Le degré zéro du zodiaque se trouve à l'intersection des lignes de l'équateur céleste (qui est le prolongement de l'équateur terrestre dans l'espace, situé sur la sphère céleste) et de l'écliptique ou le mouvement apparent du Soleil autour de la Terre (voir encadré). Ce point de rencontre entre l'équateur céleste et l'écliptique se nomme point vernal, du latin *vernus*, printanier, ou point gamma. Dans les notations musicales antiques, on utilisait la lettre grecque gamma pour désigner la première note, d'où le mot gamme. D'où probablement le surnom de « clavier symbolique » attribué au zodiaque. Astronomiquement, ce point correspond au passage du Soleil de l'hémisphère Sud à l'hémisphère Nord. Astrologiquement, il coïncide avec l'entrée du Soleil dans le signe du Bélier, à zéro degré du zodiaque, le 21 mars, le jour de l'équinoxe de printemps.

L'ÉCLIPTIQUE

Si vous suivez le chemin circulaire que suit le soleil dans le ciel terrestre en une journée de 24 heures, alors vous comprendrez que l'écliptique est bien le mouvement apparent du Soleil autour de la Terre. Puisque, en réalité, comme nous le savons tous aujourd'hui, le Soleil ne tourne pas autour de la Terre. Et pourtant, vu de la Terre, et notamment d'un point fixe sur Terre, c'est bien l'impression qu'il donne...

LE ZODIAQUE OU LE CERCLE DES ÂMES

Zodiaque signifie « cercle des animaux », mais probablement et antérieurement, « cercle des êtres vivants ». En effet, le grec *zôidion*, « petit animal », ou « petit être », a donné *zôidiakos* « zodiaque ». Ils dérivent tous deux de *zôion*, « être vivant » ! Il convient par ailleurs d'évoquer l'étymologie commune que partagent l'âme et l'animal, dans le latin *anima*, pour nous convaincre que nous pouvons voir dans le zodiaque le « cercle des âmes ». Quoi qu'il en soit, il s'agit d'un cercle parfait de 360 degrés, constitué de 12 secteurs égaux de 30 degrés chacun : les 12 demeures ou maisons des 12 signes astrologiques.

LONGITUDE, LATITUDE, ÉQUATEUR ET HÉMISPHÈRE

Ligne fictive ou virtuelle elle aussi, la longitude recouvre la surface de la Terre sur toute sa longueur. Elle se compte plus ou moins 180° ou plus ou moins 12 heures à partir du méridien de Greenwich, selon qu'elle se trouve à l'ouest ou à l'est de ce méridien. Tous les fuseaux horaires sont établis à partir des longitudes terrestres. Autre ligne imaginaire qui recouvre la surface de

la Terre, sur toute sa largeur, la latitude se compte plus ou moins 90° à partir de l'équateur, selon qu'elle se trouve au nord ou au sud de l'équateur. Ligne fictive et perpendiculaire à l'axe des pôles de la Terre, l'équateur coupe le globe terrestre en deux parties égales : les hémisphères. Ils constituent donc les deux moitiés du globe terrestre ou de la sphère céleste qui l'entoure, séparés en leur centre par la ligne de l'équateur terrestre et céleste. L'hémisphère Nord se dit aussi septentrional ou boréal, tandis que l'hémisphère Sud se qualifie également de méridional ou d'austral.

La naissance du zodiaque

Pour bien comprendre comment naquit le zodiaque dans leurs esprits ingénieux, il faut s'imprégner de la mentalité de nos ancêtres qui, voici au moins 12 000 ans avant notre présent, passèrent du stade nomade au stade sédentaire, du statut de chasseurs-cueilleurs, à celui de cultivateurs. Ils voyaient encore la nature, le ciel et la Terre tel un grand livre ouvert, dont il devait apprendre à interpréter les signes pour assurer leur survie et préserver le bien-être de leurs communautés.

Zodiaque et calendrier

Chaque signe du zodiaque se situe dans l'un des 12 secteurs (signes astrologiques), selon un ordre chronologique établi aussi bien d'après le rythme des saisons que d'après les cycles du Soleil et de la Lune. En effet, les calendriers, ces horloges du monde antique, résultent et reposent sur des observations et des mesures réalisées à partir des cycles soli-lunaires, autrement dit des mouvements apparents, répétitifs et relativement immuables du Soleil et de la Lune autour de la Terre.

De la carte du ciel au thème astral

Le zodiaque est donc une grille, un instrument de mesure créé pour observer, suivre et positionner les phénomènes célestes qui se produisent autour de la Terre. À l'intérieur de l'anneau zodiacal divisé en 12 secteurs rassemblés trois par trois dans chacune des quatre saisons d'une année, nous pouvons fixer un instant unique du ciel toujours en mouvement, en positionnant très précisément les planètes et les étoiles à cet instant. Nous établissons ainsi une carte du ciel un peu comme si nous faisions une photographie du ciel à un moment donné, à un instant unique qui ne se reproduira jamais, de notre vivant du moins. Par ailleurs, le zodiaque étant un cercle parfait de 360 degrés qui fait tout le tour de la Terre, nous offre une vision panoramique du ciel. Ce qui signifie que nous tenons compte aussi bien du ciel visible, que nous pouvons observer à l'œil nu ou à l'aide d'un télescope, que de celui qui se trouve de l'autre côté de la Terre au même instant et que, bien sûr, nous ne pouvons pas voir. L'astrologue, en établissant une carte du ciel ou un thème astral à l'aide du zodiaque, se comporte exactement comme s'il avait des yeux derrière la tête !

À quoi sert le zodiaque ?

Comme je viens de vous l'expliquer, le zodiaque n'existe pas. Encore une fois, si vous levez la tête et regardez le ciel à n'importe quelle heure du jour ou de la nuit, vous n'en verrez aucun. Cependant, jadis, à force d'observer le ciel et les mouvements d'horloge des astres, les hommes de l'Antiquité imaginèrent le zodiaque : un anneau disposé entre la Terre et le Soleil, à l'intérieur duquel ils pouvaient observer et suivre les déplacements et la procession des astres, des étoiles et des planètes. D'une certaine manière, le zodiaque les rendait maîtres, non pas du ciel, mais des mouvements qui s'y produisent à tout instant, sans que ceux-ci soient immédiatement visibles ou observables à l'œil nu. À l'aide de l'instrument du zodiaque, ils purent « prévoir » à coup sûr l'arrivée de tel ou tel astre, à tel moment de l'année, dans tel ou tel secteur du ciel et donc, bien sûr, dans tel ou tel secteur du zodiaque, les mouvements célestes adoptant une régularité relativement parfaite et immuable au fil des siècles. Ce qu'un de nos ancêtres observait, mesurait et codifiait alors, à un moment donné, se vérifiait encore un, deux ou trois siècles plus tard. Aujourd'hui, on peut toujours confirmer l'exactitude de certains phénomènes célestes observés pourtant il y a au moins 5 000 ans ! Dès lors, en relevant la simultanéité, d'une part de l'apparition d'un astre dans tel ou tel secteur du ciel et du zodiaque, d'autre part de la manifestation d'un ou plusieurs phénomènes naturels sur Terre ou dans son environnement immédiat, nos ancêtres apprirent à prévoir lesdits phénomènes et à anticiper de façon logique et rationnelle toutes leurs conséquences dans la nature ou sur leur cadre de vie. Ce faisant, ils devinrent peu à peu maîtres des éléments de la nature et ils organisèrent de mieux en mieux leur vie sur Terre, dans tous les domaines. Il s'agissait là d'une démarche scientifique avant la lettre, stimulée par une soif de connaissance, mais poursuivie aussi dans un but utilitaire.

De l'importance de mon signe natal

Au fil du temps et de l'éveil de leur conscience, en approfondissant les analogies qu'ils observaient entre les phénomènes célestes (les mouvements des astres dans le zodiaque), et les événements se produisant sur terre et dans leurs communautés, les hommes et les femmes qui apprenaient à se civiliser, glanèrent et compilèrent des informations révélant et soulignant de plus en plus les rôles qu'ils jouaient dans le jeu de la vie. Néanmoins, il fallut attendre un temps relativement récent pour qu'ils prennent conscience de leurs marques, de leurs signes distinctifs, de leurs singularités. Si vous voulez comprendre comment ils firent le chemin de la prise de conscience de leur destin et des influences que les astres et les dieux exerçaient sur eux, à celle de leur volonté d'exercer leur libre arbitre et de devenir des individus à part entière, alors commencez par vous identifier pleinement aux qualités révélées par votre signe natal – qualités entendues ici tel tout ce qui vous qualifie. Ensuite, vous pourrez faire le tri entre ce que votre signe natal vous apprend sur vous-même, et ce que vous êtes. Car si nous voulons être ce que nous sommes, tout ce que nous sommes, et non plus les idées que nous nous faisons de nous-même, alors nous devons nous regarder sans mensonge ni tricherie dans le grand miroir du zodiaque. Voilà ce que je vous invite à faire en découvrant les caractéristiques de votre signe natal, qui vous révéleront tout ou presque tout ce qui vous lie et vous relie au monde qui vous entoure.

Les 12 signes du ***zodiaque,*** rassemblés comme dans un ***vitrail***, nous aident à comprendre ***l'aspect religieux*** de l'astrologie, dans le sens de ce qui nous RELIE LES UNS AUX AUTRES, au monde, à la vie...

♐

En les coloriant, prenez conscience du fait que ces 12 signes ***différents*** font ***partie d'un tout***, dont ***vous faites aussi partie***, bien sûr.

Le Sagittaire

À LA FIN DE L'AUTOMNE

Voici les derniers jours de l'automne, un nom probablement d'origine étrusque, cette civilisation encore nimbée de mystère de nos jours, composée d'un peuple de marins, de pirates redoutables, établi depuis le VIIIe siècle avant J.-C. environ, en Toscane. D'après certains historiens, les Étrusques furent les véritables fondateurs de Rome qu'ils nommèrent Rumon « la ville du fleuve ». Toutefois, nous trouvons bien peu d'analogies historiques entre le culte des saisons, et le mode de vie des Étrusques, moins cultivateurs que pirates et commerçants écumant les mers. Et, comme nous le verrons, le Centaure, figure symbolique et emblématique du dernier signe d'automne du zodiaque, le Sagittaire, s'inspire probablement d'un mythe ancien de l'Égypte antique, revu et interprété par les Étrusques, puis revisité par les Grecs.

Votre signe offre des ANALOGIES avec la période de l'année au cours de laquelle ***la chaleur secrète***, enfouie sous la terre, résidu de l'été passé, favorise ***un nouvel élan vers la vie*** : la GERMINATION !

♐

En coloriant cette image, ***méditez sur vos affinités*** avec la nature telle qu'elle se révèle en cette période de l'année.

Quoi qu'il en soit, en cette période de l'année, avant de se replier dans la froidure de l'hiver, la terre conserve en son ventre les derniers sursauts de chaleur de l'été passé, au sein desquels la semence jetée en terre durant la période annuelle précédente, celle du Scorpion, va trouver un refuge idéal pour mettre en mouvement les premières manifestations de la vie cellulaire : la germination !

Cette chaleur secrète et protectrice favorise un nouvel élan vers la vie et la lumière. Elle éclaire de tous ses feux le dynamisme, l'enthousiasme, la sérénité, la jovialité, autant de caractéristiques positives se rattachant au signe chaleureux, généreux, didactique, conformiste du Sagittaire. Nous pouvons ajouter à ce tableau déjà fort sympathique la sincérité, la bonne foi, la simplicité, l'honnêteté, mais aussi leurs revers bien sûr, qui rendent parfois certains êtres natifs de ce neuvième signe du zodiaque, joueurs, tricheurs, voleurs, intransigeants, violents, exclusifs ou/et excessifs.

Cependant, ses besoins d'établir un contact physique avec le monde, de faire corps avec la réalité, de dépenser toutes ses énergies, d'élargir son horizon, d'expansion naturelle et de plein épanouissement de sa personnalité, de conquête, de compétition, d'exploit, se révèlent à coup sûr d'excellents catalyseurs pour la personne née sous ce signe astral...

Ainsi, après la phase de destruction du Scorpion, entreprise en vue d'une régénération, d'une renaissance, d'une résurrection, voici celle du feu intérieur, du feu sacré, du feu de dieu, un feu qui ne meurt jamais. Tandis qu'à l'extérieur, les frimas de l'hiver s'apprêtent à évincer les dernières étincelles des feux solaires estivaux, une personne telle que vous, qui naît durant cette période de l'année, incarne tout naturellement la flambée qui chauffe et éclaire l'intérieur des maisons.

Le feu du foyer, celui autour duquel se rassemblent tous les membres de la tribu, puis du clan, puis de la famille, le feu de joie et, par analogie, le feu de la vie, la vie de famille, la lignée, la filiation, les ancêtres et les descendants, et au-delà, les familles d'âmes qui se rejoignent malgré les frontières géographiques, les barrières des langues, les limites du temps, autant de caractéristiques qui, en toile de fond, donnent du relief à votre personnalité, femme native ou homme natif du signe du Sagittaire. D'où probablement aussi votre besoin viscéral de mouvement, votre agitation, votre impatience à vous jeter dans la vie que vous envisagez d'emblée telle une aventure passionnante.

Votre couleur

Votre couleur dominante semble bien se situer parmi toutes les nuances du bleu cobalt et du bleu turquoise du ciel et de la mer. Cette couleur évoque l'ingénuité, l'innocence, la pureté, la simplicité, la bonne foi, la vérité, la joie de vivre, l'épanouissement de la personnalité, la grandeur d'âme, le dévouement aux autres, l'imagination créatrice, les aspirations idéalistes, d'ordre spirituel ou religieux, les aptitudes au bonheur, le sens communautaire, une certaine plénitude. Mais on lui attribue également des correspondances avec la naïveté, la duplicité, le caractère malléable, influençable, le conformisme, le déni, la fuite ou la quête d'évasion, l'hyperémotivité, les auto-illusions, la gourmandise, les excès sensuels, la soif d'aventures éphémères, l'instabilité psychique.

Votre métal

Métal blanc, grisâtre, pur, issu d'un minerai, ou résultant d'un alliage d'argent et de plomb, l'étain est en correspondance avec Jupiter et l'indigo. Des miroirs de bronze retrouvés en Égypte antique, résultent d'un alliage de cuivre et d'étain. « *Le mineur malais a des idées particulières sur l'étain et ses propriétés : avant tout, il croit que l'étain se trouve sous la protection et aux ordres de certains esprits qu'il estime nécessaire d'apaiser ; il croit également que l'étain est vivant et possède beaucoup de propriétés de la matière vivante : il peut se mouvoir de lui-même d'un endroit à un autre, il peut se reproduire, il a des sympathies spéciales, peut-être des affinités, pour certaines gens et certaines choses,* et vice versa. *Aussi est-il recommandé de traiter le minerai d'étain avec un certain respect...* »[1]

Vos pierres de naissance

La turquoise

Probablement du fait que les Turcs nommaient cette belle pierre *fayruz* « la pierre de chance », elle devint tout naturellement la turquoise « la pierre de Turquie ». Allant du bleu qu'elle tient du cuivre qui la compose, au vert dû au fer qu'elle contient, depuis toujours, et notamment suivant les observations des médecins arabes du XIe siècle, cette pierre dont on sait aujourd'hui qu'elle équivaut à un phosphate hydraté de cuivre, de fer et d'aluminium, pourrait faire office de baromètre de l'état de santé de toute personne la portant sur elle. En effet, la chaleur altérant plus ou moins ses couleurs, celles-ci peuvent se modifier sous les rayons du soleil, en fonction du degré d'humidité flottant dans l'air, mais aussi de la transpiration, de la fièvre, et de tous les mouvements de thermogenèse du corps humain.

L'escarboucle

En raison de la grande variété de pierres précieuses qui en dérivent, la tradition astrologique attribue le béryl au signe des Gémeaux d'abord, mais aussi au signe opposé et complémentaire qui lui fait face dans le zodiaque, le Sagittaire, votre signe astral. Parmi elles,

1 Mircea Eliade, *Forgerons et alchimistes*, Flammarion, Paris, 1977.

l'escarboucle présente un certain nombre de caractéristiques en analogie avec celles des natifs et des natives de ces deux signes du zodiaque. Jadis, par exemple, on lui attribuait des vertus telles qu'elle semblait douée du pouvoir de calmer les esprits exaltés, les agitations mentales, de conférer de la réflexion et de la sagesse à qui en manquait. Figurant en bonne place dans les contes et les légendes du Moyen Âge, elle se trouvait fréquemment au centre des mystères, symbolisant un trésor inestimable que le héros ou l'héroïne devait trouver après un parcours semé d'embûches.

Le lapis-lazuli

Cette pierre d'un bleu vif, possédait un caractère sacré en Égypte antique. Dédiée à la déesse Isis, l'une des divinités primordiales de cette grande civilisation, elle demeura tout aussi sacrée chez les premiers chrétiens qui en firent la pierre consacrée à la Vierge Marie. Entre-temps, probablement en raison de sa couleur céleste, elle devint le symbole cosmique de la nuit étoilée en Mésopotamie. Et bien sûr, elle offre de nombreuses analogies avec la turquoise, mais avec une connotation nettement plus spirituelle.

Vos correspondances anatomiques

Les hanches, le bassin, le coccyx, le sacrum, le fémur, les os iliaques, le nerf sciatique, l'artère fémorale, les fesses, les cuisses.

Votre géographie sacrée

L'Arabie saoudite, l'Australie, l'Espagne, la Hongrie, Madagascar, la Campanie, le Colorado, le Finistère, la Provence, le Puy-de-Dôme, Avignon, Budapest, Cologne, Naples, Narbonne, Stuttgart, Tolède, constituent autant de pays, de régions et de villes qui présentent des analogies avec le signe du Sagittaire.

Du fait qu'une grande variété de pierres précieuses dérivent du ***béryl***, dont l'***escarboucle***, un véritable BOUQUET de ces ***cristaux sacrés*** s'attache à votre signe...

♐

En coloriant et contemplant cette figure composée de plusieurs pierres sacrées, ***prenez conscience des multiples éclats de votre mental***.

Vos mots-clés

Optimisme, expansion, générosité, bonne volonté, simplicité, dynamisme, jovialité, goût pour l'aventure et la conquête.

En cette période de l'année où le Soleil se lève dans votre signe, le Sagittaire, la froidure fait ses premières apparitions. Cependant, en son tréfonds, la terre conserve ka quintessence des feux de l'été, dans la chaleur desquels le grain semé se love, puisant des éléments utiles à sa survie. Ces feux secrets, invisibles en surface, constituent autant de promesses pour le futur.

Dès lors, votre volonté instinctive vous pousse à l'action, à l'enthousiasme, à dépenser vos énergies sans compter, en vous adonnant à un sport de votre choix par exemple. À l'instar de la personne née sous le signe du Bélier, à vous aussi, il faut sans cesse du bois à brûler, une tâche à accomplir, une mission à remplir, une aventure à entreprendre. Sachant de manière innée vous adapter avec plus ou moins de sagesse, toujours avec habileté, aux circonstances, vous vous inscrivez volontiers dans une tradition que vous réactualisez en respectant ses valeurs, mais en les mettant au goût du jour, selon des principes et des idées qui n'appartiennent qu'à vous.

Votre assurance qui confine parfois à la présomption ou à la velléité, repose sur des convictions profondes, inébranlables, que vous vous forgez vous-même, et qui, par bien des aspects, évoque cette période de l'année qui coïncide avec la germination. D'où l'on peut dire ou croire que quelque chose germe ou couve en vous, qui verra le jour tôt ou tard, et qui vous pousse à aller de l'avant, à agir, à entreprendre, à mettre la main à la pâte, à vous mêler de tout, pour, finalement, prendre les choses en main et diriger les opérations.

D'où également votre besoin d'élargir votre horizon intellectuel, social, culturel, géographique, votre champ d'action, à aller voir ailleurs si vous y êtes, selon l'expression consacrée, de rayonner aussi largement que possible. Toutefois, il convient de distinguer la capacité de renouveau et la soif d'expansion qui animent votre conscience et votre volonté, de l'esprit de révolte et de sacrifice qui caractérise la personne native du Scorpion, juste avant vous. Ce faisant, elle exprime en effet son aspiration à agir sur des bases neuves, inédites, à semer quelque chose de nouveau, qui germe en vous qui prenez le relais, en quelque sorte, native ou natif du Sagittaire.

Après les turbulences engendrées durant le passage du Soleil en Scorpion, vous affirmez votre personnalité avec dynamisme, d'une manière constructive et positive, en restant toujours dans les normes, voire en rétablissant certaines règles.

Dès lors, l'homme natif du signe du Sagittaire se distingue par une forme de conformisme renouvelé, actif, martial en cela que toute conquête le stimule. Il se trouve parfois partagé entre un désir d'aventures, d'explorations, un certain goût du jeu et de la compétition, non pour gagner systématiquement, mais pour le plaisir de jouer. Il se donne les meilleurs moyens de s'épanouir, en profitant largement des circonstances, en repoussant toujours les limites et les possibilités du contexte dans lequel il évolue.

Quant à la femme native de ce signe, il s'agit à n'en pas douter d'une personne pleine de bonne volonté, courageuse, généreuse, un peu amazone, aventurière et pourtant, simultanément, conformiste, respectueuse des traditions. Cependant, elle se révèle parfois quelque peu simpliste, du fait qu'elle fuit, occulte ou dénie les complications ou qu'elle choisit d'ignorer les difficultés. Elle semble en effet convaincue que tout problème trouve toujours sa solution, et elle le prouve fréquemment dans les faits. Ambitieuse pour elle-même autant que pour ses proches, elle vit sur un mode dynamique, sans prendre de risques inutiles pour autant.

LES ARCANES
de votre destinée

Votre signe astrologique présente bien des analogies avec l'Amoureux, le sixième arcane majeur, et le Diable, le quinzième arcane majeur du Tarot divinatoire. Voici pourquoi et comment...

L'Amoureux

Bien que partageant avec les personnes nées sous le signe du Taureau, les qualités et les caractéristiques se rattachant à cet arcane, en ce qui vous concerne, celles-ci attirent surtout votre attention sur les racines étymologiques du mot amour, qui poussent dans la même terre que les émotions, les motivations, et tous les mouvements visibles et invisibles qui se produisent en nous et autour de nous.

Ce qui n'exclut pas la notion de choix qui se trouve aussi en analogie avec cet arcane. Mais alors, chez vous, le choix ne peut se faire sans motivation profonde, sans projection vers le futur, sans émotion.

Cet arcane majeur du tarot, en analogie avec VOS QUALITÉS, évoque ***le choix du roi ou de la reine***. Qu'en est-il en ce qui vous concerne ?

♐

Il ne se résume jamais à un choix entre le bien et le mal, d'où votre attitude révélant souvent, et malgré vous, que ***la route de l'enfer est pavée de bonnes intentions***.

VI
L'AMOUREUX

La tentation engendrant l'indécision, la dispersion, la confusion des idées et des sentiments, il arrive toujours un moment où il faut choisir. Sans choix en effet, sans limite, sans but, l'individu vit dans le doute, l'incertitude, le flou, en proie à tous les courants, bons ou mauvais, qu'il suit au gré des circonstances, des courants qui l'entourent, le traversent ou l'emportent, l'influençant toujours. Cela s'avère d'autant plus vrai chez vous, que vous aimez prendre le train en marche, vous lancer dans l'aventure au pied levé, donnant même l'impression de fuir parfois ou de chercher à vous évader par tous les moyens.

À un moment ou à un autre, vous devez donc vous décider à exercer votre libre arbitre, à marquer votre différence, votre style, à vous singulariser, à affirmer votre personnalité. Comment apprendre à vous connaître vous-même, à vous distinguer d'autrui, sinon en exprimant votre volonté, vos désirs, vos idées, vos convictions, vos émotions, vos refus, en imposant ainsi vos choix ? En devenant maître de vos choix, vous vous rendez maître de votre destin.

Le choix entre le vice et la vertu

De nos jours, le vice et la vertu nous paraissent deux termes bien désuets, deux principes dépourvus de sens. Pourtant, si nous voulons bien comprendre la signification profonde et la nature du choix que doit faire le personnage figurant dans l'image du sixième arcane majeur, nous devons nous y arrêter et revenir au sens réel de ces deux notions qui nous semblent en opposition.

Issu du latin *vitium* « défaut », « imperfection », « tare », en procédant par analogie, nous pouvons trouver de très nombreuses formes de vices : la débauche, la dépravation, le dévergondage, l'immoralité, la mauvaise conduite, la perversité, entre autres. De nos jours, nous attribuons dès lors de telles tendances à des faiblesses, à des complexes, ou à des lacunes d'ordre psychologique, plus qu'à des vices.

Quant à la vertu qui, d'après *virtus*, son nom latin, se résume aux qualités qui font la valeur de l'être humain, elle nous fait penser au courage, à la force morale, à l'honnêteté et à la droiture, à la sagesse aussi et à la justice bien sûr. Or, notre Amoureux du tarot, que Cupidon, le chérubin angélique de l'amour, menace d'une flèche, doit choisir entre deux femmes d'allures très différentes : la première, à sa gauche, touche la poitrine de l'Amoureux au niveau de son cœur d'une main ; de l'autre, elle le tient par la taille ; la seconde, à sa droite, pose sa main gauche sur l'épaule droite de celui-ci, tenant son autre main ouverte devant lui. Il peut donc choisir entre celle qui veut le conquérir, prendre possession de son cœur et de sa personne, et celle qui se montre prête à l'accompagner, à le soutenir, la première figurant le vice, la seconde incarnant la vertu.

Évidemment, désormais, le vice et la vertu nous « parlent » moins que le mal et le bien. À votre propos, native ou natif du signe du Sagittaire, la ligne de démarcation entre le bien et le mal se révèle parfois très mince. Si l'on en croit le proverbe en effet, l'enfer s'impose à nous telle une route pavée de bonnes intentions. Or cette route, vous l'empruntez souvent, débordant d'initiatives que vous jugez toujours bonnes ou salutaires, pour vous occuper de ce qui, au fond, ne vous regarde pas.

Le Diable

Ce qui nous amène tout naturellement au quinzième arcane majeur du Tarot, dont les qualités et les caractéristiques, là encore, présentent de nombreux points communs avec vous, bien que vous vous refusiez à en prendre conscience, le plus souvent. Notamment dans la fibre de l'interventionnisme, parfois forcené, qui vibre en

Comme en écho à l'Amoureux, votre arcane dédié précédent, le Diable SOULIGNE ***l'aspect excessif, impulsif, passionné*** de votre caractère...

♐

Mais aussi ***le destin heureux ou malheureux que vous vous forgez vous-même***, selon vos choix.

XV
LE DIABLE

vous, résultant aussi bien de votre impatience à agir, que de votre volonté de mettre ou de remettre de l'ordre. Mais aussi dans le fait qu'il vous arrive fréquemment d'abuser de vos forces ou de gaspiller vos énergies, de trop tirer sur la corde comme on dit, en vous croyant à l'abri de tout risque. Certes, vous semblez protégé des dieux, comme on dit. Mais jusqu'à quel point ?

Le dispensateur de destin

Et pourtant, en soi, le démon ne présentait aucun caractère négatif ou maléfique, du moins si nous en croyons son sens originel. En effet, à partir du début du XIVe siècle, le *daemon,* ou démon, prit le sens d'esprit infernal, de mauvais ange ou d'ange déchu, autrement dit de diable. Avant cela, le *daimôn* grec évoquait une puissance divine et bénéfique, attribuant et donnant en partage. Se retrouve ainsi le sens de « jeter de part et d'autre » attribué au diable. Le *daimôn* devint le génie ou l'esprit protecteur attaché à chaque être humain ou à chaque élément de la nature. En d'autres termes, il partageait les mêmes attributions, les mêmes fonctions, avec les fameux génies de la nature dont Denys l'Aréopagite (Ier siècle de notre ère, premier évêque d'Athènes selon la tradition) s'est inspiré pour constituer la hiérarchie céleste des anges.

Or le fait de donner en partage ou de jeter de part et d'autre, se réfère à un principe essentiel, fondamental, révélé et dispensé par le *daimôn* : le destin heureux ou malheureux. De dispensateur de destin, le *daimôn* devint l'esprit protecteur, le bon génie, le bon ange, que nous appellerions plus volontiers aujourd'hui « la bonne conscience ». Celui ou celle qui se laissait guider par son *daimôn* entendait et suivait la voix de sa conscience. Il s'agissait d'un homme juste et bon, ou d'une femme de cœur. Les intuitions, les inspirations venaient de lui, ainsi que les talents et les dons. Comment cette composante si bénéfique, se transforma-t-elle en une composante si négative, si sombre, si maléfique, de la personnalité ?

Le *daimôn* du bien et le *daimôn* du mal

Paradoxalement, cette explication se trouve dans un mot grec d'origine indo-européenne, *daiesthai* « partager, diviser », d'où dérivera *demos,* « le peuple » ou « la population », dont on retrouve la racine aussi bien dans « démiurge » et « démocratie », que dans « épidémie », et « démiruge » ou « celui qui travaille pour le peuple ». Le grec *epidêmia* signifiait tout aussi bien l'installation d'une personne parmi le peuple, qu'une maladie affectant le peuple. Mais, surtout, on relève le parallèle entre le démagogue ou le démiurge, autrement dit celui qui conduit le peuple ou travaille pour lui, et le génie protecteur guidant l'homme.

L'Histoire nous apprend que ceux qui, jadis (ou même encore de nos jours, hélas !), conduisirent le peuple ou travaillèrent pour lui, par vocation, ambition ou soif de pouvoir, n'agirent pas toujours en sa faveur, se montrant rarement dans les meilleures dispositions à son égard. D'où nous pouvons déduire que le *daimôn* présidant aux destinées humaines, jouant un rôle protecteur et bénéfique, trahissait parfois sa nature originelle, en exerçant une influence maléfique.

Ce faisant, peu à peu, le démon finit par incarner des forces maléfiques et destructrices : les tragédies, les persécutions, les guerres, les violences générées par des êtres pourvus d'une forte personnalité, d'une volonté excessive de pouvoir et de diviser pour mieux régner, d'une ambition démesurée, laissant souvent un souvenir plus vivace dans la mémoire collective que les hommes de bien et les états de grâce. N'en est-il pas toujours de même de nos jours ? Ne sont-ce pas toujours les mêmes drames humains qui frappent notre imagination et retiennent notre attention ?

Certes, désormais, nous nous croyons bien éloignés de l'imagerie médiévale, puis moyenâgeuse du sabbat des sorcières, ou de la messe noire au cours de laquelle on vouait un culte au diable, figurant l'incarnation mythique de l'esprit du mal, opposé à Dieu, l'esprit du bien. Il faut donc témoigner d'une nouvelle lucidité pour non seulement discerner, mais admettre, que le mal existe toujours, bien que sous d'autres formes. Ce que savent très peu faire les personnes natives du Sagittaire, fondamentalement optimistes, vivant dans le déni, ou voulant tant et si bien faire le bien contre vents et marée, qu'elles finissent par mal agir sans même s'en rendre compte. Comme si elles se rendaient victimes des ruses du diable...

EN ROUTE

pour de nouvelles aventures !

Plutôt que d'affronter le mal, le plus souvent, vous préférez détourner votre regard de ce qui vous gêne ou vous dérange, vous évader, voyager, explorer. Et si, pour des raisons pratiques et matérielles, vous devez vous résoudre à une vie normale ou ordinaire, alors vous témoignez d'un tel dynamisme, d'un entrain tel que, chaque matin, vous donnez l'impression de partir pour de nouvelles aventures. Parfois même, on pourrait croire que vous gardez votre valise prête à portée de main, pour pouvoir partir du jour au lendemain, sans prévenir ni demander votre reste.

Et pourtant, paradoxalement, il n'existe pas d'être plus didactique, respectueux des règles, des lois, des conventions que vous. Au point que si, pour d'autres raisons inhérentes à votre personnalité, révélées dans votre thème astral par d'autres éléments que celui du Soleil dans votre signe natal, votre soif d'aventures vous pousse à sortir de la marge et des sentiers battus, alors vous finissez tôt ou tard par créer ou définir vos propres règles, vos propres lois.

Si, au Bélier, il faut toujours du bois à brûler, à vous, il vous faut TOUJOURS être ***actif, entreprenant, dépenser votre trop-plein d'énergie vitale*** qui, d'ailleurs, se recharge très vite.

♐

En coloriant l'être hybride et fougueux du Sagittaire, ***mi-humain, mi-animal***, demandez-vous d'où vous vient ***ce besoin viscéral d'agir constamment***…

Si vous vous comportez de manière aussi respectueuse des institutions en quelque sorte, autrement dit de tout ce qui semble reposer sur des valeurs sûres, ayant fait leurs preuves, cela résulte probablement des analogies de votre signe natal avec le fait que, lorsque le Soleil le traverse, la semence jetée en terre durant la période coïncidant avec la période zodiacale précédente, celle du Scorpion, ne se trouve plus enfouie sous la terre, comme dans une tombe, mais lovée dans le ventre maternel de la terre. Autrement dit, en osmose avec ce qui se passe dans la nature au moment de votre naissance, vous témoignez d'une espèce d'instinct d'adaptation, qui vous permet de vous développer, de vous épanouir, de vous enraciner pour mieux devenir libre et indépendant, si possible.

D'où votre grand besoin d'activités physiques, de dépenser toutes vos énergies qui, le plus souvent, se rechargent très vite, de vous lancer dans une ou des compétitions, de jouer, de concourir, de rivaliser, de défier, de faire des prouesses, de vous surpasser, mais aussi d'émulation de groupe. D'où votre esprit d'équipe, vos relations plus fraternelles qu'affectives, avec la personne qui vous accompagne et vos proches y compris.

Cependant, il existe en vous une étrange dualité qui, parfois, vous rend très contradictoire ou vous induit à vivre sur un double registre. D'une part, votre grand pouvoir d'adaptation vous pousse à rechercher une stabilité, à vous montrer quelque peu conformiste ou traditionaliste. D'autre part, quelque chose en vous, une inquiétude, une insatisfaction latente, une lassitude plus ou moins forte, vous donne très envie de vous évader, de partir du jour au lendemain en laissant tout sur place, et sans vous retourner.

Cette dualité intrinsèque, qui semble bien coller à la peau de toute personne native du signe du Sagittaire, bien que cela ne transparaisse pas toujours d'une manière flagrante, nous la retrouvons dans l'homme-animal, ou l'animal anthropomorphique figurant le neuvième signe du zodiaque : le Centaure !

Au Centaure, être mythique et fantastique figurant le signe du Sagittaire, dont le nom signifie flèche, on peut proposer : « Dis-moi où tu veux lancer ta flèche, je te dirai qui tu es ». Qu'est-ce qu'un Centaure ? À l'instar du Dragon, de la Gorgone, de l'Hydre à sept ou neuf têtes, de la Licorne ou même de l'Ange, le Centaure est un être fantastique tout droit sorti de l'univers des mythes créés par les hommes, issus de leur imagination, de leur psyché, de leur inconscient. Ils exercent la même fascination que les dinosaures, ces animaux d'une taille gigantesque venus du fond des âges, en qui nous retrouvons nos instincts débridés, à l'état pur et brut.

D'une certaine manière, nous nous identifions à eux parce que nous savons ou supposons qu'ils ont couru à leur propre perte en se montrant trop avides, ou bien qu'à la suite d'une catastrophe naturelle, leur espèce fut réduite à néant. Qu'ils aient ou non existé sous une apparence, une forme ou une autre, ces êtres fantastiques hantent toujours notre conscience tourmentée par des forces que nous ne savons pas intégrer et qui, par bien des aspects, leur ressemblent.

Mais pour tout ce qui concerne le Centaure qui nous intéresse ici, en l'observant, nous voyons immédiatement qu'il s'agit d'un être hybride mi-humain, mi-animal, pourvu d'un buste et d'une tête d'homme, mais du corps, des jambes et de l'arrière-train d'un cheval. En cela, il symbolise fort bien cette dualité psychique et psychologique, qui tourmente de nombreuses personnes nées sous ce signe, dont l'homme-animal mythique aspire à poser ses sabots sur la terre ferme et stable, tandis qu'il rêve de galoper en toute liberté en disparaissant au-delà de l'horizon qui l'attire comme un aimant.

Tout se passe comme si vous aspiriez profondément à escalader la montagne des valeurs, des principes, des modes de vie auxquels vous vous êtes si bien adapté qu'ils vous font l'effet d'une seconde peau, pour aller voir ce qui se passe sous l'autre versant, vous confronter à d'autres mœurs, vous retrouver en territoire inconnu. Or, un tel désir plus ou moins formulé ou satisfait, peut finir par engendrer des tensions en vous.

La posture de la montagne (Parvatâsana)

D'où l'intérêt pour vous d'accomplir, d'entrer et de vivre dans cette posture de yoga qui vous permettra d'incarner la montagne, avec ses deux versants que vous intégrerez.

Première étape

Commencez par vous détendre – ce qui ne paraît pas toujours acquis, en ce qui vous concerne, car votre jovialité non feinte et une certaine sérénité dont vous témoignez volontiers, n'excluent pas vos tensions intérieures, votre inquiétude latente, voire votre anxiété et votre impatience. Voilà pourquoi cette posture de la montagne, qui invite au calme, à la tranquillité, à la sagesse, vous convient tout à fait.

Pour vous détendre, allongez-vous par terre, les bras le long du corps, les mains paumes ouvertes vers le ciel, les pieds légèrement écartés. Puis, par la pensée, parcourez toutes les parties de votre corps en dénouant une à une toutes les petites crispations insignifiantes, fixées çà et là et qui, ensemble, finissent par engendrer un état de tension.

Concentrez-vous plus particulièrement sur votre bassin, votre coccyx, votre sacrum, votre nerf sciatique et vos cuisses, vos points faibles. Ensuite, en restant toujours allongé, faites trois respirations complètes. Inspirez par le nez en faisant un demi-cercle avec vos bras en frôlant le sol, jusqu'à ce que vos mains se retrouvent au-dessus de votre tête, puis expirez par la bouche en levant vos bras et en les reposant lentement au sol, le long de votre corps.

Deuxième étape

Asseyez-vous en tailleur, dans la posture du lotus chère aux natives et natifs de la Balance. Levez les bras au-dessus de votre tête, et faites se rejoindre vos mains comme en prière, comme si, précisément, vous adressiez une prière au ciel.

Restez dans cette posture aussi longtemps que possible, au rythme de votre respiration que vous contrôlez en inspirant d'abord par le nez, en retenant votre souffle quelques courts instants dans votre ventre, enfin en expirant profondément. Chaque fois que vous inspirez, rentrez le haut de votre dos en vous décambrant autant que possible, de sorte que vous sentirez de plus en plus votre coccyx toucher le sol.

En plus de vous aider à vous sentir plus à l'aise et bien dans votre axe, autrement dit de vous assurer un meilleur équilibre physique et psychique, mais encore de gagner en souplesse, cette posture vous aidera à renforcer vos muscles fessiers, et ceux de vos cuisses. À la longue, elle protégera également votre fémur, fréquemment fragilisé chez vous, dans un âge avancé.

Enfin, si vous voulez jouir d'une meilleure assise, d'un bassin plus souple protégeant votre nerf sciatique, en quittant cette posture, posez vos pieds par terre, les pointes repliées et collées au sol, les talons se touchant, les jambes repliées formant un triangle, les bras en croix, le buste droit, le ventre rentré et les reins décambrés. Gardez cette posture un peu plus acrobatique quelques instants, et vous vous sentirez régénéré, en pleine forme.

Tels les deux versants de la montagne, en vous il existe sinon une DUALITÉ, du moins deux aspects de votre personnalité : ***l'un matériel, l'autre spirituel***.

♐

En réalisant et en vivant cette posture, rassemblez en vous ***les deux versants***, non pas opposés, mais ***complémentaires***, de votre personnalité.

PARVATÂSANA

Fils ou fille du Soleil et de Jupiter

Si vous pouvez vous dire né sous le signe du Sagittaire, cela signifie que, à l'instant précis de votre naissance, le Soleil se trouvait positionné sur l'un des trente degrés de ce signe astrologique dans le zodiaque. Le Soleil éclaire, révèle et unifie les qualités de la personnalité. Entendez ici encore « qualités » dans le sens de ce qui qualifie un être et qui rassemble en lui ses forces, ses atouts, ses faiblesses et ses handicaps. Ainsi, la situation du Soleil en signe, en maison et en aspect (les angles que les astres forment entre eux à l'intérieur du zodiaque) dans le thème astral d'un individu, nous renseigne sur la nature et l'expression de sa volonté active et instinctive.

En ce qui vous concerne cependant, votre Soleil natal s'impose à notre attention, imprégné de qualités propres à Jupiter, l'astre maître de votre signe du zodiaque. À Jupiter, nous attribuons les qualités d'expansion, d'épanouissement de l'être, de joie de vivre, d'aptitude au bonheur. Le fameux développement de la personnalité, devenu une des thématiques des magazines féminins et des éditeurs, s'inspire totalement des vertus de Jupiter. À ceci près que, du point de vue de l'astrologue, et probablement aussi du psychologue, pour qu'une personnalité puisse se développer comme il se doit, il lui faut d'abord se construire, puis s'affirmer.

Le Soleil nous renseigne sur la faculté d'un être à s'imposer, à briller, à être ce qu'il est, tout simplement, sans faux-semblant, sans fausse hypocrisie. Il faut bien comprendre que si le Soleil éclaire bien le signe astrologique dans lequel il se trouve à sa naissance, en aucun cas telle ou telle personne dont le Soleil se situe dans tel ou tel signe possède ou maîtrise d'emblée toutes les qualités inhérentes à ce signe. Là encore, la situation du Soleil dans le thème astral nous renseignera sur la capacité de la personne en question à acquérir ces qualités, à les traduire en actes. En d'autres termes, être né sous tel ou tel signe ne signifie pas posséder toutes les qualités révélées par ledit signe de façon innée. Le plus souvent, il s'agit pour l'individu concerné d'acquérir les qualités de son signe natal que le Soleil éclaire dans son thème astral, de les incarner et de s'en montrer digne.

Le Soleil peut très bien s'identifier à l'image du père. Sa situation dans un thème astral révèle la nature de la relation qu'un individu (homme ou femme) a établie avec son père, l'image qu'il s'est faite de lui et qui s'est fixée en lui. Par analogie avec l'image du père qu'il symbolise, le Soleil représente aussi la situation en vue et les récompenses honorifiques.

Dans le thème astral d'une femme, le Soleil révèle son image d'homme idéal, sa part de masculinité – et non de virilité, révélée par Mars –, c'est-à-dire de volonté d'indépendance, et sa capacité à l'intégrer dans sa personnalité, à l'activer dans sa vie.

Dans le thème astral d'un homme, le Soleil renseigne sur sa capacité à incarner à son tour un rôle de père, et à imposer sa volonté d'indépendance.

Le Soleil, élément vital, présente des analogies avec le cœur, le système cardio-vasculaire, le cerveau, la colonne vertébrale, la vue et bien sûr le plexus dit solaire. En activant ses cellules, il exerce un ascendant et un pouvoir sur le cerveau. Toujours selon sa situation dans un thème astral, on pourra mesurer si telle ou telle personne concernée possède ou non des faiblesses relatives à ces organes vitaux. Des risques existent d'hyper ou d'hypotension, de déficience ou d'usure précoce du système cardio-vasculaire, de troubles de la vue – myopie le plus souvent –, de scoliose ou d'arthrose – cervicale surtout –, d'anémie et d'hypernervosité, troublant le psychisme. Mais il s'agit bien de risques, en aucun cas de fatalités. En effet, toute prévision astrologique ne sert de rien si nous n'en tenons pas compte pour anticiper les risques qu'elle nous révèle.

Toutefois, le signe qu'occupe le Soleil dans un thème astral gomme parfois certains atouts de même que certaines faiblesses propres au soleil, au profit de qualités bonnes et mauvaises, relatives au maître de ce signe — ici, en l'occurrence, Jupiter.

Et force nous est de constater que Jupiter, le développeur, si l'on peut dire, engendre parfois une véritable inflation du moi, de l'ego ou de la personnalité, chez la native ou le natif du Sagittaire. Celle-ci ou celui-là passe donc rarement inaperçu. Toujours en mouvement, en partance, en action, elle ou il ne cherche pas nécessairement à attirer l'attention, mais elle ou il le fait malgré elle ou malgré lui.

Quoique estimé foncièrement bénéfique par l'astrologie traditionnelle, Jupiter ne fait pas le bien. Il peut aussi pousser à l'exagération l'être pour qui il joue un rôle prépondérant dans son thème astral. En revanche, il révèle assurément quelles bonnes actions fera spontanément l'être en question, ou quelle bénédiction ou quelle aide providentielle il recevra au cours de son existence. Car si nous voulons croire au karma, nous devons bien imaginer que certains ou certaines d'entre nous naissent avec un bagage de forces karmiques plus ou moins lourd ou léger. Sachant que, toujours selon cette croyance, il s'agit dans tous les cas d'alléger notre fardeau, de nous en délester, notamment en apprenant à ne pas vous attacher à nos actes.

CARACTÉRISTIQUES JUPITÉRIENNES

Qualités

Bonheur, joie de vivre, générosité, franchise, équité, prospérité, bonne fortune, épanouissement, expansion, reconnaissance, réussite.

Faiblesses

Excès, exagération, abus de ses forces, gaspillage, prodigalité, ostentation, arrogance, présomption, puritanisme ou amoralité.

LE CENTAURE
et la traversée du fleuve de la vie

« Des ossements et des artefacts d'Homo erectus datés de 800 000 ans avant le présent ont été retrouvés sur des îles indonésiennes de Florès et Timor, ce qui nous permet d'affirmer que ces prétendus sous-humains ont eux aussi entrepris des traversées maritimes durant des périodes où le niveau de la mer était très bas. »[2]

Les élites qui dominent notre monde actuel veulent croire et nous faire croire que l'être humain contemporain semble de loin le plus évolué, le plus intelligent de tous ces *homo erectus* (apparus environ 2 millions d'années avant notre présent), sapiens (apparus environ 300 000 ans avant notre présent), et autres Néanderthaliens (apparus environ 250 000 ans avant notre présent) et Denisoviens (apparus environ 40 000 ans avant notre présent), qui sillonnèrent notre planète durant plusieurs millions d'années. Toutefois, l'archéologie se révélant une science évolutive, ne reposant donc pas sur des preuves établies une fois pour toutes, nous

2 Graham Hancock, *La Clé de la civilisation perdue*, Pygmalion/Flammarion, Paris, 2020.

Quelque chose d'indicible, mais que vous sentez bien, vous dit que, quelles que soient ***vos origines ou vos racines***, vous venez de TRÈS LOIN, d'au-delà des mers peut-être...

Est-ce pour ***renouer avec vos origines*** que vous cherchez toujours à partir, à vous dépayser, ou à courir le monde ?

découvrons sans cesse d'autres traces de nos lointains ancêtres qui nous contraignent à réviser régulièrement nos données et nos théories les concernant.

Une chose semble sinon de plus en plus sûre, du moins fort probable : Parmi nos lointains ancêtres, si d'aucuns parcoururent en marchant les monts et les vallées de notre planète, dont les paysages se transformaient au fur et à mesure des catastrophes naturelles (séismes, éruptions volcaniques, inondations, etc.), notamment durant des périodes où le niveau de la mer se révélait largement plus bas que celui d'aujourd'hui (entre 130 et 150 mètres au-dessous du niveau actuel, selon les dernières théories géologiques), d'autres devinrent des navigateurs, voire des marins émérites, en des temps si reculés que nous n'osons ou ne voulons le croire.

Ainsi, pour des raisons qui nous échappent aujourd'hui, bien que nous voulions toujours tout expliquer et tout comprendre (ce qui nous conduit fréquemment à des interprétations partielles, parfois mêmes partiales, de la préhistoire de l'humanité), nos ancêtres hominiens éprouvèrent le besoin de traverser les mers. Or, le mythe des Centaures, en correspondance avec le signe du Sagittaire, évoque précisément un peuple de marins aux origines très, très lointaines.

Que nous dit ce mythe ? En Égypte antique, l'un des berceaux de nos civilisations, le signe du Sagittaire apparaissait sous l'aspect d'un Centaure (l'être fantastique que nous connaissons : une tête et un buste humains sur un corps de cheval), se tenant debout sur une barque. Cette représentation illustre le goût pour les voyages au-delà des mers et pour la navigation des natives et natifs de ce signe du zodiaque, toujours en quête d'un ailleurs.

Selon des légendes mythologiques grecques, dont nous savons que nombre d'entre elles s'inspirèrent de plus anciens récits mythiques égyptiens et/ou mésopotamiens, les Centaures constituaient plutôt un peuple de montagnards. Ainsi, curieusement, d'abord surnommés fils d'Océan (Neptune), en attribuant une origine étymologique italique à leur nom dans *centuria* « troupe composée de guerriers », et *centauroi* « ceux qui transpercent les taureaux » ou *centauros* « de la force de cent », de marins émérites, les Centaures devinrent de farouches guerriers montagnards.

D'où l'importance du mythe de la montagne sacrée se rattachant au signe du Sagittaire qui, depuis toujours, dans de multiples cultures et civilisations anciennes, semblait bien estimée tel le pilier reliant la Terre au Ciel, et le Ciel à la Terre. En témoignent les nombreuses pyramides érigées depuis des temps immémoriaux, ainsi que le rôle primordial que jouent les monts et les montagnes dans les récits mythiques et religieux universels, mais aussi les fondations de ces innombrables lieux de culte (sanctuaires, temples, synagogues, églises, pagodes, etc.) partout présents dans le monde.

Il s'agit là d'une volonté prégnante chez nos ancêtres, sinon bien plus religieux que nous le sommes, du moins fort empreints d'un sens profond du sacré, de s'établir, de vivre, d'évoluer dans un lieu où les forces telluriques et célestes se rejoignaient, une espèce de centre ou de nombril du monde. Or, cette volonté de trouver le centre du monde, et son propre centre de gravité psychique et spirituel, semble bien la quête suprême, le plus souvent inconsciente, de toute personne née sous le signe du Sagittaire — du latin *sagittarius* « archer », dérivé de *sagitta* « flèche » qui donnera son nom à la constellation et au signe du Sagittaire.

La constellation du Sagittaire se trouve précisément positionnée devant notre galaxie : la voie lactée. Et le Centaure, le marin, le montagnard, l'archer qui s'y trouve, dirige sa flèche vers le centre de notre galaxie, comme pour indiquer le chemin à suivre pour

D'un point de vue symbolique, le Centaure, ***archer et cheval***, figurant votre signe natal, LANCE SA FLÈCHE si loin et si haut que nul ne pourra jamais l'atteindre.

♐

Or, plutôt que de céder à l'ambition, voire à la présomption, demandez-vous si l'arc et la flèche ne vous indiquent pas plutôt ***la voie de la sagesse que vous devez suivre***...

rejoindre les étoiles, l'infini, l'univers, l'éternité. Nous comprenons mieux, dès lors, comment apparut finalement Chiron, l'immortel, le plus sage, le plus empreint de bonté et de bienveillance, le plus savant, mais aussi le plus célèbre Centaure de toute la mythologie grecque. Médecin réputé, et même chirurgien, on ne comptait plus les talents de Chiron : musicien, moraliste, chasseur hors pair, guerrier imbattable, entre autres.

Ainsi, sur le chemin du fleuve de la vie, la Voie lactée, notre galaxie, peut-être le centre originel de toute vie, quoi qu'il en soit le lieu qui nous relie au ciel que le Centaure, debout sur sa barque, cible de sa flèche pour nous indiquer où il se trouve, voici donc Chiron, le passeur, le gardien du seuil, qui guide les âmes sur le fleuve de la vie qui les porte vers l'immortalité et l'éternité.

Tel Chiron, vous aussi, vous aspirez à vous « centrer ». Et dans ce but, vous semblez prêt à entreprendre toutes les aventures qui vous mettront sur la voie de votre ciel intérieur. À commencer, bien sûr, par la grande aventure de la vie !

Soyez dans votre élément
LE FEU

Du génie du feu au feu de la passion

Parler d'analogies et d'affinités à propos du zodiaque constitue un pléonasme quand on sait qu'il fut créé par nos ancêtres à partir d'une observation attentive de la nature, avec laquelle ils perçurent et comprirent que leur propre nature, la nature humaine, était en analogie.

En d'autres termes, pour réaliser le zodiaque et y placer toutes les informations qu'on y puise encore de nos jours, ils procédèrent selon le principe binaire d'attraction et de répulsion, principe inhérent à la nature, à partir duquel se révèle le grand jeu des analogies.

Ainsi le zodiaque fut-il constitué à partir d'une observation attentive de la nature, au rythme des quatre saisons, elles-mêmes régies par les quatre éléments primordiaux qui président à la vie sur Terre. À ces quatre éléments se rattachent de nombreux symboles et des récits mythiques, dont on sait qu'ils constituent autant d'expériences vécues puis transcendées par nos ancêtres, dont certaines marquent ou influencent encore notre conscience collective ou/et individuelle.

Feu du ciel ou de la terre, feu sacré ou domestique, feu du paradis ou de l'enfer, le feu, en tant qu'élément primordial, est l'expression du bien et du mal. Le feu est création, naissance, commencement, lumière originelle, joie, élément divin ou divinisé par les êtres humains. Ceux-ci, plongés dans les mystères de la nuit, se réjouissent toujours lorsque leurs yeux s'ouvrent à la lumière du jour, éclairé par les feux du soleil.

Cependant, nos très lointains et plus proches ancêtres n'eurent pas besoin d'instruments de mesure pour comprendre les avantages qu'ils pouvaient tirer du feu et les risques qu'ils prenaient en le manipulant. Rapidement, ils comprirent que leur survie dépendait de l'astre du jour, de la lumière, de la chaleur qu'il prodigue. Mais, à raison, ils craignaient le feu foudroyant qui tombait du ciel parfois.

Ils croyaient ainsi que, lorsque les dieux voulaient les punir, ils manifestaient leur mécontentement, leur désapprobation, leur colère au moyen des feux du ciel. La terre, elle aussi, crachait du feu. N'est-ce pas d'un doigt de feu, dans le cratère d'un volcan, que Dieu inscrivit pour Moïse les lettres des dix commandements sur les Tables de la Loi ?

Élément essentiel et vital, le feu est révélation, illumination, purification, passion et destruction. Il resplendit en Paradis. Il brûle en Enfer. Le feu donne la vie, et la reprend en la transformant en cendres.

Le forgeron des dieux

Héphaïstos, fils de Zeus et d'Héra, était le dieu du feu dans la mythologie grecque, le maître de l'élément igné de l'Olympe. Il régnait sur le feu des volcans et des métaux, et sur la métallurgie. Héphaïstos le thaumaturge, le forgeron des dieux, forgea des armes, notamment pour le héros grec Achille. Avec Athéna, il participa à la création de Pandore, la première femme, dont il façonna le corps et pétrit les membres avec de la boue, la modelant à l'image des déesses immortelles avant de lui insuffler l'étincelle de vie.

Le voleur du feu divin

Prométhée, le fils d'un Titan, déroba le feu de la forge des dieux, à l'insu d'Héphaïstos, pour en faire don aux hommes. Pour avoir dérobé le feu du ciel – dont seuls les dieux détenaient le privilège – à seule fin de rendre la vie des hommes plus agréable, il fut considéré comme un bienfaiteur de l'humanité. Pour le punir, Zeus l'enchaîna avec des liens d'acier, forgés par Héphaïstos, au flanc d'une montagne et le condamna à se faire dévorer le foie toujours renaissant par un aigle.

La légende mythique du supplice de Prométhée contient deux symboles en analogie avec le feu : l'aigle d'abord, oiseau solaire, dit aussi « oiseau tonnerre », le messager des dieux transportant le feu du ciel ; le foie ensuite, considéré comme le siège de l'âme, ou plus exactement comme l'organe par lequel l'âme, génératrice de l'étincelle de vie, est reliée au corps qu'elle anime. Le feu des passions de l'âme siège dans le foie. En hébreu, « foie » se dit *caved*, et signifie aussi bien « lourdeur », « pesanteur » que « richesse » et « puissance », c'est-à-dire « puissance divine ».

Toutefois, suivant un autre récit mythologique toujours, lorsque Chiron, le Centaure, gravement blessé en aidant Héraclès (Hercule) lors de son huitième Travail dans son combat contre quatre chevaux sauvages que Diomède, le roi de Thrace, nourrissait avec de la chair humaine, il implora Zeus (Jupiter) de le laisser mourir. Cependant, né immortel, Chiron ne pouvait évidemment pas mourir. Prométhée, qui, lui aussi, souffrait le martyre, n'en intercéda pas

Telle la SALAMANDRE, ce ***triton*** identifié au feu, ***l'aspect enflammé de votre personnalité*** semble incontournable.

♐

L'impatience ressemble à un feu intérieur qui se propage en vous à une vitesse folle. Pour le juguler, et non l'éteindre, ***méditez sur la nature de cette flamme qui vous tourmente***.

moins auprès de Zeus, afin qu'il fasse bénéficier Chiron de son droit à mourir, Prométhée n'étant en effet qu'un être mortel. Ainsi, Chiron, délivré de toutes ses souffrances, put mourir grâce à Prométhée.

Les « maîtres du feu »

« Chaud devant ! » dit-on communément en nous inspirant du serveur d'un restaurant ou d'une brasserie, tenant un plat chaud qu'il doit transporter de la cuisine à la table du client toujours impatient. Cette expression s'applique fort bien à vous et à votre tempérament anxieux, native ou natif du signe du Sagittaire. Ou bien, poussé par votre feu intérieur, vous vous engagez dans une voie, une entreprise, une action, que vous voulez accomplir toutes affaires cessantes. Ou bien, vous trépignez d'impatience en attendant quelque chose que vous projetez de réaliser ou dont vous savez qu'elle va se produire bientôt.

Tout cela se situe sur le plan profane, bien sûr, autrement dit dans les secteurs de votre vie matérielle, sociale et professionnelle. Cependant, ce feu qui vous brûle, qui vous rend énergique, dynamique, toujours en mouvement, sur le départ ou en partance, ce feu repose sur des fondements plus purs, essentiels, sacrés pour tout dire.

Jadis en effet, et de nos jours encore, les êtres religieux ou croyants pensaient et disaient volontiers que toute personne « habitée » par Dieu ou par une divinité, devenait « brûlante », tandis que l'être qui opérait des miracles se révélait « bouillant ». Comme si toute relation avec le divin consumait l'être humain de l'intérieur... « *Par extension, toutes sortes de personnes ou d'actions comportant un "pouvoir" magico-religieux quelconque sont considérées comme "brûlantes". Il faut aussi se rappeler que partout dans le monde les chamans et les sorciers sont réputés "maîtres du feu" : ils tiennent des charbons brûlants à mains nues, ils touchent du fer rouge, ils marchent sur du feu. D'autre part, ils ont une grande résistance au froid : aussi bien les chamans des régions arctiques, que les ascètes de l'Himalaya font preuve, grâce à leur "chaleur magique" d'une résistance qui dépasse l'imagination.* »[3]

Dépasser l'imagination, voilà sans conteste l'une de vos plus belles aspirations, que certains et certaines d'entre vous, brûlant de tout leur feu intérieur, mettent en application pour le meilleur et pour le pire, selon les individus et les circonstances.

---

3 Mircea Eliade, *Mythes, rêves et mystères*, Gallimard, Paris, 1957.

Natives et natifs du SAGITTAIRE

Le signe du Sagittaire au féminin

Incarnant en quelque sorte le nouveau cycle de la nature en marche, celui de la germination, vous lancez la flèche de votre ambition et vous plongez votre regard vers un avenir dont vous savez qu'il vous appartient. Dès lors, le futur, symbolisé par l'horizon lointain, à perte de vue, semble bien pour vous l'objectif à atteindre, voire à dépasser. Vous ne doutez pas d'y parvenir dans les meilleures conditions possible. Et cela d'autant mieux que vous ne vous coupez pas de votre passé, sachant puiser dans vos origines et dans votre milieu naturel des principes, des règles, des lois ayant fait leurs preuves, dont vous vous inspirez pour agir avec assurance et optimisme.

Votre bon caractère empreint d'une certaine candeur n'excluant pas votre volonté affirmée de vous épanouir, de profiter au mieux de l'existence, vous vaut d'être très appréciée par votre entourage. On vous estime également pour votre franchise et votre disponibilité sans faille. Vous souhaitez toujours le meilleur pour vous-même d'abord, forte d'un égoïsme bienveillant, pour ceux qui vivent dans votre sillage ensuite, poussée cette fois par une générosité active.

Votre caractère
fondamentalement
POSITIF, bien
intentionné, plein de
bonne volonté, constitue
sans aucun doute votre
meilleur atout.

Toutefois, en coloriant les traits
de cette belle femme Sagittaire,
interrogez-vous sur ***ce mélange de
conformisme et d'esprit d'aventure***
qui vous caractérise.

Avec simplicité et bonhomie, vous assumez vos devoirs et vos responsabilités sans rien demander à personne. Toutefois, pourvue d'un sens inné de la communauté, vous ne restez jamais indifférente aux problèmes et souffrances d'autrui, dont vous vous convainquez qu'ils peuvent se résoudre aisément pour peu que chacun y mette du sien. En revanche, l'esprit de révolte et la contestation des valeurs établies ne vous effleurent même pas. Quoi que vous fassiez, vous restez dans les normes.

Votre caractère fondamentalement positif, bien intentionné, constitue sans aucun doute votre meilleur atout. Vous ne vous rendez pas victime de vos états d'âme. Vous ne vous laissez pas submerger par des idées sombres. Quelle que soit votre situation matérielle, affective ou morale, vous réussissez toujours à en tirer le meilleur parti. N'aimant pas les complications, vous appréciez les relations simples, franches, agréables. Imperméable aux idées complexes ou tortueuses, non par manque de curiosité ou d'imagination, mais parce que, pour vous, l'aventure, la découverte, la connaissance s'avèrent des expériences à vivre avec enthousiasme et dynamisme, vous aspirez à voir, à toucher, à vivre intensément, pour comprendre.

Les biens matériels vous intéressent pour peu qu'ils vous donnent la possibilité de manifester votre générosité naturelle, de prodiguer votre savoir-faire spontané, de partager avec votre entourage, votre optimisme, et votre jovialité naturelle. Vos sentiments affectifs et amoureux semblent dénués de complication. Vous aimez comme vous respirez et vous n'en attendez pas moins des autres. S'il vous arrive de succomber parfois à quelque aventure romanesque, étrange ou passagère, le respect de vos engagements, et le souci de préserver votre noyau familial, dont vous vous révélez le plus souvent le pivot, de telles considérations vous ramènent bien vite à la raison.

Vous vous montrez ainsi une femme de bonne volonté, surtout lorsqu'il s'agit de vous dévouer à la cause de votre clan familial. Rien ne vous rebute, rien ne vous décourage pour aider ou encourager celles et ceux qui vous sont chers. Omniprésente, débordée, mais toujours prête à leur prêter main-forte, à les soutenir dans les moments difficiles, à favoriser leurs entreprises, à partager leurs joies et leurs peines, on peut compter sur vous. Aspirant sincèrement à élargir votre horizon, à découvrir des paysages inconnus, à voyager, à partir à l'aventure, entreprendre et vouloir, chez vous, cela signifie action désintéressée et don de soi.

Avec entrain et optimisme, vous allez où le devoir vous appelle, mais vous agissez moins par abnégation que par souci de vous épanouir, n'hésitant pas à exploiter toutes les possibilités dont vous disposez ou se trouvant à votre portée. Au fond, vous voulez si bien vous convaincre que tout peut s'arranger, que les difficultés et les souffrances doivent disparaître d'elles-mêmes, qu'une telle attitude finit par entamer votre réalisme et votre lucidité. Mais vous faites preuve d'un tel naturel, que votre joie de vivre communicative réussit parfois à déplacer les montagnes du désespoir et de la misère humaine.

Le signe du Sagittaire au masculin

Que ce soit intellectuellement, matériellement ou sentimentalement, vous aspirez à la paix, et, dans l'idéal ou l'absolu, à la sagesse. En êtes-vous capable ? Voilà toute la question qui s'impose à l'esprit à votre sujet. Plein de bonne foi et naturellement optimiste, vous vous épanouissez dans le milieu familial, social, culturel dans lequel vous vous intégrez avec bonheur, depuis votre plus jeune âge. Votre souci se révèle ainsi d'emblée d'exploiter les ressources qui se trouvent en votre possession, en leur donnant le meilleur rendement et en tentant, si possible, d'y apporter un plus, une dimension

Convaincu qu'il n'existe
PAS DE PROBLÈME
SANS SOLUTION,
vous agissez et vous intervenez en tout et pour tout, parfois même à la place d'autrui, sans lui demander son avis.

♐

En coloriant les traits de ce bel homme Sagittaire, ***demandez-vous si, à trop vouloir le bien en tout, pour tout et pour tous, vous ne finissez pas par faire du mal***...

supplémentaire qui favorise votre bonne fortune et vous vaut une certaine considération à laquelle vous ne restez jamais insensible.

Vous appuyant toujours sur des principes simples, éprouvés, fiables, vous vous comportez avec bon sens et générosité, sans vous laisser décourager par des détails, y compris si ceux-ci apparaissent tels des obstacles majeurs, insurmontables, aux yeux d'autrui. Honnête, facile à comprendre, vous aimez vous exprimer physiquement, vous extérioriser, poussé en cela par des instincts primaires, ardents, incontrôlables, dénués de violence et de perversité, résultant, plus exactement, de votre abandon spontané à la nature, à la vôtre en particulier. Vous ne restez jamais insensible à la notion d'évolution morale et spirituelle, mais celle-ci ne vous touche vraiment que si elle trouve une forme d'expression matérielle.

La notion de profit constitue pour vous une telle évidence que vous tirez toujours avantage des circonstances ou des situations dans lesquelles vous vous trouvez. Cependant, ce n'est pas l'appât du gain en soi qui vous motive, mais la volonté de vous épanouir pleinement dans votre cadre naturel ou dans votre activité professionnelle. Vous n'êtes d'ailleurs jamais le dernier à redistribuer vos acquis. Mais vous le faites toujours dans le but d'exercer votre pouvoir ou de favoriser votre expansion personnelle. Dès lors, chez vous, on relève un aspect grand seigneur prodigue et bienveillant de votre caractère, très épris de principes, de justice et de morale, mais capable aussi d'indulgence et de générosité.

Votre comportement bon enfant n'exclut pas une certaine fermeté dans vos choix et vos décisions, ainsi qu'une attitude paternaliste. Jamais avare de conseils, si cela s'avère nécessaire, utile, voire indispensable selon vous, vous n'hésitez pas à intervenir dans la vie d'autrui. Voilà comment et pourquoi, il arrive que l'on vous reproche de vous mêler de ce qui ne vous regarde ou ne vous concerne pas, bien que vous sembliez toujours animé de bonnes intentions. Sans doute convient-il de vous rappeler de temps à autre que « l'enfer est pavé de bonnes intentions » et que « à trop vouloir le bien, on finit parfois par faire beaucoup de mal. »

Au féminin et au masculin

Comment préserver votre équilibre vital

Entre les énergies du bas et celles du haut, entre les instincts primaires et les instincts secondaires, entre l'être animal et l'être spirituel, entre la partie basse du corps (les jambes et les pieds) et la partie haute (le buste et la tête), le bassin et les hanches semblent un passage obligé. Point fort et faiblesse de votre constitution, vos hanches constituent la clef de voûte de votre équilibre et de votre maîtrise physique et morale. Dans vos hanches, vous fixez malgré vous, ou inconsciemment, vos refus, vos angoisses, vos tensions. Vos hanches se bloquent, entravant la circulation entre les énergies du haut et celles du bas, et inversement. De ces blocages inconscients peuvent résulter des douleurs rhumatismales, des problèmes émanant du nerf sciatique, une faiblesse ou une fragilité du sacrum et du coccyx.

Aimant le sport, la marche, l'exercice, dépenser physiquement votre énergie, il vous arrive cependant de présumer de vos forces, dépassant vos limites sans vous en rendre compte. Quels que soient vos problèmes de santé, pensez qu'ils peuvent trouver probablement leur origine dans un défaut ou des dysfonctionnements au niveau du bas de la colonne vertébrale notamment, dus à un déplacement du sacrum, à un blocage ou à une mauvaise position des hanches. N'hésitez pas à expérimenter des gymnastiques douces, ou certaines postures de yoga favorisant la circulation de vos énergies, ou encore à consulter un ou une ostéopathe.

Votre caractérologie

Tempérament dynamique, sain, serein, riche en ressources énergétiques. Aspire plus ou moins clairement, ou consciemment, à vivre dans de nouvelles conditions, dans un nouveau contexte, dans un milieu différent, auquel il s'adapte facilement. Tendance à simplifier les choses, à les voir sous un angle résolument optimiste, parfois même à ignorer ou à occulter les problèmes.

Goût pour la compétition, l'aventure, l'exploration, les voyages. Besoin de se sentir dépaysé, de s'extérioriser, de faire corps avec le contexte environnant, d'un contact physique, énergique avec la nature. Caractère sympathique, généreux, jovial, tantôt honnête, naïf ou ingénu, tantôt joueur, immoral, instable, avide de changements, tantôt généreux, moraliste, bienveillant. Bonne volonté fondamentale.

Esprit didactique, fuyant les complications, empreint d'une certaine philosophie de la vie, parfois religieux, soucieux de renouveler, de rénover ou de réactualiser une tradition, sans jamais renier totalement le passé. En amour, la personne native du Sagittaire se montre très chaleureuse, affectueuse, démonstrative, enveloppante. Son cœur s'emballe, s'enthousiasme. Ses sentiments amoureux, empreints de désirs impérieux, ne s'en distinguent pas moins par leur franchise, leur loyauté. Elle se laisse fréquemment aveugler par ces derniers, son besoin de corps à corps la rendant parfois très exigeante.

LES TROIS DÉCANS

du Sagittaire

En Égypte ancienne, on nommait le zodiaque le « Cercle d'or ». S'agissait-il du Cercle d'*Horus*, dieu du ciel et dieu solaire, figuré souvent par un homme à tête de faucon, coiffé du disque solaire, ou du cercle d'Orion, que les Égyptiens surnommaient le chasseur du ciel, suivi de son chien, Sirius (*Sothis*) ? Selon la légende, les dieux utilisèrent certaines parties du corps d'Orion pour constituer les constellations et les décans du zodiaque.

Cercle d'Horus ou Cercle d'Orion, le Cercle d'or se révèle en tout cas en tout point identique au calendrier thébaïque. Dans le zodiaque égyptien formé à partir des constellations, les 12 signes du zodiaque n'existaient pas. Cependant, les prêtres scribes, astronomes et astrologues égyptiens, s'intéressaient de près à la course et aux influences du Soleil et de la Lune, mais aussi, à l'instar des Babyloniens, de Mercure, de Vénus, de Mars, de Jupiter et de Saturne.

Jusqu'à la deuxième moitié du quatrième millénaire avant notre présent à peu près, correspondant à la naissance du Nouvel Empire et au transfert de la capitale à Thèbes (aujourd'hui Louxor), « *la ville où les trésors abondent dans les demeures, ville aux cent portes, dont chacune laisse passer deux cents guerriers avec leurs chevaux et leurs chars* », seuls les **36 décans** du zodiaque égyptien consacrés aux **36 divinités,** furent pris en compte.

Malgré la fascination qu'exerce l'Égypte antique sur l'esprit de l'homme et de la femme modernes, nous savons peu de chose de la vie quotidienne des Égyptiens, de leur réalisme, de leur intégration dans la vie matérielle et sociale au jour le jour, à laquelle ils accordaient une très grande importance. De même, nous ignorons tout des rythmes de leur vie quotidienne, des timbres de leur voix, des sons de leurs instruments de musique. Nous savons lire les hiéroglyphes, mais nous ne savons rien du langage que les Égyptiens employaient pour se parler.

Quoi qu'il en soit, c'est sans doute à Thèbes, à partir du zodiaque et du calendrier égyptiens, que fut réalisé le calendrier thébaïque ou thébain, constitué de 360 images symboliques correspondant aussi bien aux 360 jours de l'année qu'aux 360 degrés du zodiaque. Ce calendrier thébaïque servira de support à l'astrologie égyptienne qui s'apparente ainsi à l'hémérologie, ou divination d'après le calendrier.

Qu'est-ce qu'un décan ?

Si vous savez compter jusqu'à dix et faire une multiplication, ce dont je ne doute pas, vous comprendrez très vite ce qu'est un décan. Il suffit de savoir que le zodiaque, établi par les astronomes et les astrologues de l'Antiquité, est un cercle parfait de 360 degrés, divisé en 12 secteurs : les signes astrologiques, chacun d'eux couvrant 30 degrés du zodiaque. Chaque signe se trouvant à son tour subdivisé en 3 parties égales de 10 degrés chacune, nous disposons ainsi de 3 décans.

En résumé, le zodiaque se compose de 12 signes astrologiques et de 36 décans (12 signes x 3 parties égales = 36 décans).

L'utilité et la signification d'un décan

Exactement comme pour les 12 signes du zodiaque, les anciens adeptes et savants de l'astronomie sacrée attribuèrent un astre maître à chacun des 36 décans. Dès lors, en combinant l'ensemble des données fournies à la fois par la nature du maître d'un signe et celles indiquées par la nature du maître d'un des décans de ce signe, nous disposons d'informations singulières et nettement plus précises relatives au caractère et à la destinée de toute personne dont le Soleil se situait dans ce signe astrologique et ce décan à l'instant de sa naissance.

LES TROIS DÉCANS DU SAGITTAIRE

Né entre le 22 novembre et le 1er décembre,
vous êtes Sagittaire du premier décan.

Né entre le 2 et le 11 décembre,
vous êtes Sagittaire du deuxième décan.

Né entre le 12 et le 21 décembre,
vous êtes Sagittaire du troisième décan.

Premier décan : du 22 novembre au 1er décembre

La rencontre de Mercure, l'astre maître de ce décan, et de Jupiter, celui de ce neuvième signe du zodiaque, confère à l'individu né durant cette période de l'année, une certaine sagesse illuminée, un caractère bon enfant, de la candeur, de la bonne foi et une honnêteté fondamentale. Dans la vie courante, il se comporte avec simplicité, naturel, spontanéité, générosité. Bien qu'enclin à fuir les complications, ou les aspects sombres de l'existence, il possède de hautes aspirations.

L'image symbolique de ce décan en Égypte antique

Un guerrier revêtu d'une cuirasse, portant un casque et brandissant une épée nue.

Il ne fait aucun doute que le guerrier présent sur cette image présente toutes les caractéristiques d'un professionnel, d'un membre actif de l'armée de métier égyptienne. En effet, dès le début du IIe millénaire avant notre ère, l'Égypte antique se dotera d'une armée de métier, chargée aussi bien de préserver l'ordre à l'intérieur du territoire, que d'en défendre les frontières contre les peuples belligérants qui convoitaient les richesses de cette civilisation naissante. Toutefois, très rapidement, une troisième vocation, conquérante et colonialiste, s'imposa probablement à l'armée égyptienne. Par exemple, en ce même début de IIe millénaire, les pharaons se succédèrent à la tête de l'armée égyptienne, pour élargir les frontières du royaume, et coloniser la Basse-Nubie, notamment.

Mais dans l'ensemble, au regard de l'Histoire, on se rend compte que l'Égypte, en dehors de ses incursions colonialistes dans les régions des sources du Nil, adopta une attitude plus défensive qu'offensive, et que les militaires qui composaient son armée se révélaient des gardiens de la paix, plus que des faiseurs de guerre. Toutefois, on ne peut s'empêcher de penser que le guerrier tel qu'il apparaît sur cette image, adopte quant à lui, une attitude plus offensive que défensive. Le fait qu'on nous le montre coiffé d'un casque, revêtu d'une cuirasse, et brandissant une épée nue, ne laisse planer aucun doute sur ses intentions belliqueuses.

L'interprétation de cette image symbolique

Ainsi, quels que soient les motivations ou les centres d'intérêt de l'être dont le Soleil se situe dans ce décan du zodiaque, tout laisse à penser qu'il aspire à gagner du terrain, à élargir son champ d'action ou son horizon, à conquérir de nouveaux territoires. Ainsi, pourvu d'un caractère offensif ou guerrier, il peut donc se montrer violent, par nécessité ou pour servir une cause noble qui, parfois, le dépasse. De ce fait, s'il s'agit d'un décan de conquête et d'expansion, évoquant aussi l'obéissance, la discipline, le dévouement, à l'obligation desquels se doit tout militaire.

La femme Sagittaire du premier décan en action

Le quotidien tel que vous le vivez

Habile technicienne de la vie au jour le jour, dont l'esprit, empreint d'une certaine curiosité et d'une grande bonne volonté, vous rend réceptive aux idées d'autrui, vous semblez tout à fait prête à faire vôtres celles qui vous paraissent intéressantes. Mais en réalité, vous ne vous éloignez jamais des réalités de l'existence. Vous vous révélez ainsi tantôt compréhensive et tolérante, sensible aux points de vue qui ne manquent pas d'originalité, pouvant même faire preuve d'une sorte de candeur, tantôt pragmatique et lucide, ayant en effet forgé votre caractère à partir de solides convictions, que vous ne remettez pas facilement en question et qui, d'une certaine manière, vous servent de bouclier. On observe chez vous un mélange de naïveté non feinte et de dynamisme optimiste qui vous rend très agréable,

Élargir votre champ d'action et votre horizon, et vous ***épanouir*** pleinement, ne constituent pas de minces PRÉOCCUPATIONS en ce qui vous concerne.

♐

Il vous faut donc toujours aller
avoir ailleurs si vous y êtes. Mais où,
comment et à quel moment ***êtes-vous***
vraiment vous-même ?
Le savez-vous ?

tandis que votre mental, qui s'agite souvent, vous pousse à trouver de multiples et incessantes occupations pour calmer vos esprits.

Votre cœur à l'ouvrage

On vous voit donc rarement occuper la même place, sans rien faire, car vous aimez vous activer dans le domaine pratique et matériel surtout, vous emparer de tout l'espace vital dont vous disposez, en vous trouvant confrontée si possible à des situations claires, nettes, sans complication, vous donnant l'occasion de prouver vos compétences et votre savoir-faire.

Votre tonus et votre vitalité

Sans vous inquiéter outre mesure à propos de sa santé, ni vous préoccuper précisément de votre bien-être, vous restez toujours en connexion avec vos sensations, attentive à vos points faibles et à vos limites que vous connaissez bien. Cependant, parfois, vous vous obstinez dans des attitudes ou des comportements pouvant nuire à votre équilibre vital, sans vouloir l'admettre ni même faire l'effort de le comprendre.

Votre style de vie

Vous adoptez un mode de vie assez simple, l'essentiel pour vous se résumant à jouir d'un certain confort, de facilités matérielles, de vous savoir à l'abri des problèmes, que tout se passe bien autour de vous, et surtout que vous puissiez vivre dans une aire où vous disposez d'une certaine indépendance d'action.

L'amour tel que vous l'éprouvez

Paradoxalement intelligente et naïve à la fois, vous aspirez à éprouver des sentiments purs, à cultiver des relations amoureuses aussi simples, naturelles, spontanées, que possible. On peut même dire que vous vous montrez assez simpliste parfois, car l'amour, en ce qui vous concerne, se résume à peu près à cette formule : « On s'aime ou on ne s'aime pas ».

Dès qu'il s'agit de vos sentiments amoureux, vous abhorrez les complications. Chez vous, une telle aversion ne résulte pas d'une vue de l'esprit, ni d'une déficience intellectuelle, ni même d'un désordre psychologique, mais d'une attitude fondamentalement positive et généreuse qui, dans l'absolu, se traduit par un refus d'envisager le mal, l'hypocrisie, le mensonge, le double jeu, la jalousie ou toute forme d'expression amoureuse à caractère passionnel, pervers ou ambigu. Avec vous, inutile de chercher midi à quatorze heures. Vous ne pouvez envisager une relation autrement que basée sur des échanges sincères et spontanés.

L'homme Sagittaire du premier décan en action

Le quotidien tel que vous le vivez

Bien que vous vous comportiez d'emblée tel un simplificateur né, au point de vous montrer un peu simpliste parfois à force de pragmatisme, en réalité, rien ne semble ni simple ni facile à vos yeux. Ainsi, vous voulez vous sentir confronté à des situations claires et, si possible, en évitant les complications, jusqu'à parfois faire abstraction, ou carrément rejeter, tout ce qui vous paraît malsain, contre nature, tortueux. Pourtant, et il s'agit là sinon d'une contradiction, du moins d'un paradoxe en ce qui vous concerne, vous faites preuve d'un esprit ouvert, tout en cultivant un profond respect pour les règles et les traditions que vous jugez sécurisantes. En elles, vous puisez également des idées, des inspirations, des enseignements utiles, dont vous savez agréablement tirer profit.

Votre cœur à l'ouvrage

Vous assumez vos devoirs et vos responsabilités avec sérieux, une certaine bonhomie, et un bel esprit d'entreprise, mais là encore, vous évitez autant que possible les complications, décidé à obtenir des résultats assez facilement. Il existe aussi, chez vous, un goût du jeu qui peut vous pousser à tenter votre chance, comme on dit, mais sans jamais prendre de risques inutiles.

Votre tonus et votre vitalité

Convaincu que vous allez bien, que rien de grave ni de fâcheux ne peut vous arriver, que vous vous trouvez à l'abri des coups durs, vous ne faites pas grand cas de votre santé. Certes, pourvu d'une vitalité saine, pleine de ressources, vous vous révélez naturellement dynamique et expansif. Donc, inutile de vous inquiéter outre mesure. Seules les imprudences que vous commettez, peuvent vous nuire.

Votre style de vie

Vous aimez votre confort, prendre vos aises, disposer d'une certaine marge de manœuvre pour pouvoir profiter de la vie et de ses plaisirs. Habile à vous procurer les moyens utiles pour vivre bien, et d'une manière plutôt conventionnelle, vous n'en témoignez pas moins d'une certaine indépendance.

L'amour tel que vous l'éprouvez

Il faut toujours que vous puissiez expliquer et comprendre ce que vous ressentez ou ce que vous éprouvez. Malgré votre nature instinctive, vous vous montrez assez enclin à cérébraliser vos sentiments amoureux et vos relations affectives, plus généralement. Pourtant, cette intellectualisation demeurant quelque peu primaire, non dénuée de sens pratique, votre attitude en amour peut ainsi se révéler très différente, parfois même ambivalente.

Ou bien vous jouez à nouer ou à cultiver des relations amoureuses, plus que vous ne vous investissez en elles ou que vous ne les vivez, prenant tout cela sinon avec beaucoup de légèreté, du moins avec philosophie, comme un aventurier, un libertin ou un épicurien intelligent. Ou alors, vous aspirez à entretenir des relations affectives dans des conditions simples et normales, en adoptant un comportement conformiste à cet égard. Auquel cas vous faites de votre couple, le noyau solide sur lequel vous vous appuyez, pour pouvoir accomplir vos ambitions et assouvir votre soif d'expansion sociale, professionnelle, financière. Dans l'un et l'autre cas, vous ressentez toujours le besoin de conquérir la personne qui vous plaît ou qui vous attire, ou d'être conquis par elle.

Deuxième décan : du 2 au 11 décembre

L'expansion et un certain goût de l'aventure, propres à Jupiter, l'astre maître du signe du Sagittaire, stimulent la sensibilité de l'individu, ici révélée par la Lune, l'astre maître de ce décan. Ainsi, se montrant fréquemment d'une grande gentillesse, et toujours passionné par les voyages ou les explorations en tout genre, il aspire également à nouer et cultiver des relations fondées sur une mutuelle camaraderie.

L'image symbolique de ce décan en Égypte antique

Une femme nue, debout, pleurant, le visage et le corps dissimulés derrière un long drap avec lequel elle essuie ses larmes.

Bien sûr, nos larmes proviennent le plus souvent du chagrin, de la tristesse, du désespoir, d'un sentiment de détresse ou d'apitoiement sur soi. Mais elles trouvent aussi parfois leur origine dans une joie

Avec vous, pas de faux-semblant. Vous vous montrez ***tel que vous êtes***, vous jouez ***cartes sur table***. C'est aussi simple que cela.

Toutefois, demandez-vous si, à force de simplicité, vous ne finissez pas par être quelque peu ***simpliste*** ?...

intense, un bonheur extrême, une émotion bouleversante, produite par un sentiment de plénitude inhabituel, si insoutenable, qu'on ne peut l'exprimer autrement qu'en pleurant. Telle semble bien la double nature des larmes que verse cette femme, dont on nous indique la nudité, autrement dit qu'elle se montre à nous dépourvue de tout artifice, authentiquement elle-même. Toutefois, grâce à ses larmes ou à cause d'elles, elle finit par se dissimuler aux yeux d'autrui, par masquer la nudité de son corps. Une expression populaire traduit assez bien le sens de cette image : « Pleurer toutes les larmes de son corps ». C'est ce que fait cette femme sous nos yeux.

L'interprétation de cette image symbolique

Nous nous trouvons donc ici dans un décan d'extrême émotivité. La simplicité, la spontanéité, la naïveté ou l'innocence de l'être dont le Soleil se positionne dans ce décan dans son thème astral, semblent donc des caractéristiques innées chez lui. Ainsi, peut-il pleurer de chagrin, de détresse, parce qu'il se sent lésé, trahi, déçu, qu'il se montre extrêmement naïf, dupe de lui-même et d'autrui. Ou alors, à l'inverse, ses larmes résultent des joies intenses et profondes qu'il éprouve, d'un grand bonheur. Mais dans l'un et l'autre cas, il semble voué à pleurer « toutes les larmes de son corps ». Sa nature pure, émotive, son moi sensible, affectif, et un certain penchant à exagérer de telles qualités, constituent donc l'essentiel de sa vie.

La femme Sagittaire du deuxième décan en action

Le quotidien tel que vous le vivez

Si vous savez vous montrer dynamique, entreprenante, si, quelque part dans votre tête, votre valise semble toujours prête, car vous aimez partir, les voyages, l'aventure organisée, changer de lieu, vous sentir dépaysée, vous ne vous en révélez pas moins pourvue d'un caractère assez conformiste. Ainsi, dans l'ensemble, vous préférez vivre sans surprise, en parant à l'imprévu, d'une manière, agréable, confortable, vous donnant la possibilité de jouir de la vie sans excès, mais pleinement, de prodiguer votre générosité naturelle et votre sensibilité chaleureuse, pleine de bonne volonté, tout en assumant vos devoirs et vos responsabilités avec une honnêteté scrupuleuse. En effet, votre nature affectueuse n'exclut jamais votre attachement viscéral à certains principes qui, d'une certaine manière, vous servent de garde-fou.

Votre cœur à l'ouvrage

Vous accomplissez vos tâches dans la joie et la bonne humeur, mais plus vite vous pouvez vous en débarrasser, mieux vous vous portez. En agissant de la sorte, une part de vous-même s'évade, ce qui, à aucun moment, n'entame votre intégrité ni votre efficacité, car on peut toujours compter sur vous.

Votre tonus et votre vitalité

Vous appréciez les bonnes choses de la vie, parfois même un peu trop. D'autant que vous ne semblez pas du genre à vous empêcher d'en profiter, bien que votre ligne un peu trop généreuse en pâtisse. Tôt ou tard, vous finissez donc par prendre des précautions, mais presque toujours pour mieux vous autoriser à faire de nouveaux écarts.

Votre style de vie

En dehors de toute connotation péjorative, vous semblez bien faite pour mener une vie bourgeoise, confortable, aussi agréable que possible. En effet, vous vous conformez assez naturellement aux mœurs et aux usages de votre milieu social et vous aimez préserver votre tranquillité en vivant comme tout le monde.

L'amour tel que vous l'éprouvez

Franche, loyale, sincère, vous ne trichez jamais à propos de vos sentiments amoureux. Chaleureuse, généreuse, très expressive, vous aimez vous sentir conquise mais, au fond, c'est vous qui décidez si vous voulez ou non l'être. A priori, vous aspirez à vivre une union qui, d'un point de vue social, s'inscrit dans la plus pure tradition et dans une saine normalité, mais qui, sous l'angle des relations humaines, peut se révéler tout à fait idéaliste.

Toutefois, vous abhorrez la monotonie et le calme plat. Ce qui tend à faire croire que vous n'aimez pas vivre en paix, tranquille, à l'abri du besoin, bénéficier d'un certain confort, voire d'une forme d'aisance. Il arrive alors que cette ambivalence engendre une contradiction dans votre comportement. De ce fait, vous pouvez très bien rêver d'aventures, pour sortir de la routine, et, simultanément, vous prouver à vous-même que votre pouvoir de séduction opère toujours ou que l'on peut encore vous courtiser et vous conquérir, pour finalement faire machine arrière, et ne rien changer à votre vie.

L'homme Sagittaire du deuxième décan en action

Le quotidien tel que vous le vivez

Vous ne voyez que le bon côté des choses. Sincèrement convaincu qu'avec un peu de bonne volonté, tout peut toujours s'arranger, vous ne voulez surtout pas vous compliquer l'existence avec des contingences, des vicissitudes dont, selon vous, il suffit de remédier en trouvant des solutions pratiques ou des palliatifs aux problèmes d'intendance ou d'organisation. Il semble bien en effet, que vos aspirations profondes s'inspirent de votre volonté de jouir de la vie, de voir le monde, d'extérioriser vos énergies dans des activités aussi utiles qu'agréables, d'élargir aussi souvent que possible votre horizon, voire de vous en évader pratiquement, en voyageant fréquemment, en partant à l'aventure ou en explorant des domaines de la pensée et du savoir qui vont vous transporter dans l'inconnu.

Votre cœur à l'ouvrage

Quelles que soient vos activités, vous donnez libre cours à votre esprit d'entreprise enthousiaste et positif. Passé maître dans l'art et la manière d'encourager autrui au travail, de lui donner du cœur à l'ouvrage, tout en donnant vous-même beaucoup de votre personne, dans une œuvre, une mission, une tâche précise à accomplir en commun, vous risquez finalement de témoigner d'une certaine instabilité.

Votre tonus et votre vitalité

Vous semblez si convaincu que vous allez bien, que vous disposez d'un esprit sain dans un corps qui ne l'est pas moins, que vous vous croyez dès lors à l'abri des défaillances, encore plus des maladies. Certes, ne vous fixant jamais trop dans vos états, les microbes et les virus semblent glisser sur vous, tandis que votre système immunitaire apparaît très opérationnel. Seuls quelques excès, de table notamment, peuvent donc nuire à votre santé.

Votre style de vie

À la fois penseur et voyageur, sinon pratiquement, du moins en théorie, vous adoptez donc un style de vie empreint d'un parfum d'exotisme, s'inspirant de mœurs étrangères ou matérialisé par des objets venus d'ailleurs. D'une manière ou d'une autre, vous cherchez à vous dépayser.

L'amour tel que vous l'éprouvez

Quels que soient vos motivations, vos centres d'intérêt ou les activités auxquelles vous choisissez de vous consacrer, vous avez besoin d'action, d'extérioriser vos énergies, d'explorer, de chercher, de voyager, de découvrir des horizons nouveaux, de sortir des limites de votre cadre de vie habituel, d'éprouver des sensations fortes. Il vous faut de grands espaces ou l'occasion de vous confronter à l'inconnu.

Pour ce qui concerne votre vie amoureuse, vos motivations paraissent assez similaires, à quelques différences près, cependant. Curieux de vivre de multiples expériences relationnelles, toutes plus enrichissantes les unes que les autres à vos yeux, vous semblez toujours à la recherche de l'inconnu. Et pourtant, dans le même temps, vous aspirez sincèrement à vivre une relation simple, saine, conventionnelle, sans aucune aspérité ni tension, basée sur une espèce de confiance mutuelle, de complicité, voire de camaraderie, d'insouciance, de bonheur naturel et sans complications.

Troisième décan : du 12 au 21 décembre

Saturne, l'astre maître de ce décan, incline l'individu dont le Soleil se trouvait dans ce décan à l'instant de sa naissance, à se forger de solides convictions. Tandis que Jupiter, l'astre maître du signe du Sagittaire, le pousse plutôt à l'expansion. Il aspire ainsi à développer ses connaissances, à embrasser une cause commune ou à se dévouer à une œuvre humanitaire. Mais il pèche parfois par manque d'équilibre intérieur et par intransigeance.

L'image symbolique de ce décan en Égypte antique

Un homme assis, oisif, la peau dorée par le soleil et qui joue seul avec un bâton.

Qu'on ne s'y trompe pas. Cet homme dont la peau dorée évoque l'oisiveté, ce qui nous laisse supposer qu'il ne change pas souvent de place, qu'il ne se distingue pas par son dynamisme, se révèle probablement un magicien. En effet, le bâton avec lequel il joue s'avérait l'attribut des magiciens et des devins de l'Égypte ancienne, auquel le récit biblique de l'Exode fait allusion (Exode 7,8 à 13). Nous nous trouvons là en présence d'une riche symbolique commune au magicien et au Bateleur, le premier arcane du Tarot divinatoire. En effet, ce dernier figure aussi bien un maître de la magie naturelle, qu'un illusionniste ou un prestidigitateur.

L'interprétation de cette image symbolique

Le natif ou la native du signe du Sagittaire, et particulièrement celui ou celle dont le Soleil occupait ce décan à l'instant de sa naissance, se caractérise souvent par une ambivalence de nature. Il peut s'agir d'un être offrant de belles aptitudes pour entreprendre des études poussées, acquérir de hautes connaissances, qu'il exploitera à des fins humanistes, généreuses, en se consacrant à des œuvres sociales ou religieuses, ou alors d'un individu présentant un penchant prononcé pour le jeu et la compétition sous toutes leurs formes, dont la moralité peut se révéler douteuse cependant, avide d'aventures et d'expériences en tout genre.

Il arrive même que ces deux caractéristiques apparemment opposées cohabitent chez lui, d'une manière plus ou moins harmonieuse selon les personnes. Il s'agit donc d'un décan concernant un être pourvu de prédispositions et de qualités innées pour acquérir et maîtriser un savoir assez exceptionnel, mais dont on ne peut savoir quel usage, bon ou mauvais, il en fera. D'autres éléments inscrits dans son thème astral pourront nous permettre de le découvrir.

On ne peut pas dire que vous voyiez double ou trouble, mais vous devez bien reconnaître que vous vivez, pensez ou agissez sur deux registres différents.

Êtes-vous vraiment conscient de votre ambivalence de nature ? Méditez à ce sujet en coloriant cette image...

La femme Sagittaire du troisième décan en action

Le quotidien tel que vous le vivez

Vous vous présentez telle la plus austère, mais aussi la plus ambitieuse et la plus sérieuse des femmes natives du Sagittaire. Ce qui vous caractérise avant tout, ce sont vos convictions, votre attachement à certaines valeurs, à des règles et des principes éprouvés depuis longtemps et qui, de ce fait, à vos yeux, semblent incontournables. Privilégiant vos ambitions personnelles, votre soif d'expansion et la préservation de l'équilibre de votre situation, vous vous révélez tout particulièrement constante dans le vécu de vos sentiments comme dans l'expression de votre volonté. S'il vous arrive de vous sentir perturbée ou tourmentée par des désirs d'aventures ou d'évasion, vous vous arrangez toujours pour que cela ne remette jamais en cause votre intégrité. Cela vous paraît d'autant plus facile ou évident, que vous adoptez un comportement légèrement patriarcal ou paternaliste, tout en conservant toute votre féminité.

Votre cœur à l'ouvrage

Votre sens du devoir transpire par tous les pores de votre peau. Il est l'expression de votre caractère ambitieux et légèrement autoritaire, qui vous pousse malgré vous à vous mêler de tout ce qui passe autour de vous, à participer activement à la vie de vos proches, tout en demeurant très efficace dans ce que vous réalisez par et pour vous-même. Vous savez fort bien rentabiliser vos efforts.

Votre tonus et votre vitalité

Pourvue d'un certain goût un peu masculin pour les défis et la compétition, vous ne vous ménagez pas, en particulier lorsque vous ressentez le besoin de vous prouver quelque chose à vous-même, qu'il vous paraît utile, voire indispensable, de dynamiser votre entourage, de montrer l'exemple, de découvrir ou d'explorer de nouveaux horizons.

Votre style de vie

Votre caractère ambitieux vous induit naturellement à admirer la réussite, le succès, l'exercice du pouvoir, la gloire et la fortune. Toutefois, paradoxalement, vous savez tout aussi bien vous contenter de vivre très simplement, en vous privant si nécessaire, à condition de savoir pourquoi vous devez vous restreindre, ou que vous puissiez vous dévouer à une cause, humanitaire par exemple.

L'amour tel que vous l'éprouvez

Pourvue d'un certain charisme, d'une force morale, et parfois même physique, exceptionnelle, vous vous extériorisez en vous lançant dans une compétition, en vous adonnant à une activité motivante ou, tout simplement, en vous efforçant de modeler un petit univers à votre image, tout en vous montrant à la fois généreuse, expansive, prodigue à l'égard des vôtres, mais aussi autoritaire, moraliste, intransigeante, car il vous arrive de nourrir des convictions inébranlables.

En amour, vous vous montrez pleine de bonne volonté, mais vous n'acceptez pas les faux-semblants, aspirant à vous investir dans des relations durables, basées sur une confiance mutuelle et une parfaite solidarité. Au fond, vous vous sentez l'égale de l'être que vous aimez. Vous lui donnez la réplique, vous le soutenez et le stimulez, mais la réciproque doit être vraie. Vous ne voulez ni ne pouvez pas vivre dans l'ombre ni dans un milieu étroit ou restreint. Intellectuellement, matériellement, socialement ou géographiquement, vous aspirez toujours à élargir votre horizon.

L'homme Sagittaire du troisième décan en action

Le quotidien tel que vous le vivez

Malgré votre aspiration au confort et à la stabilité, votre caractère n'en recèle pas moins une ambivalence de nature impliquant donc que vous ne semblez pas toujours fidèle à vous-même. Vous vous appliquez à donner de vous l'image d'un homme sérieux, rigoureux, pourvu d'un caractère solide, s'appuyant sur de fortes convictions, très attaché à certaines valeurs morales, adoptant des attitudes paternalistes à l'égard de toutes les personnes que vous fréquentez, mais aussi de vos interlocuteurs occasionnels, cédant parfois à l'intransigeance. Ainsi, de votre point de vue, la vie ressemble à une sorte de terrain de jeu ou de compétition sportive, où le meilleur (vous, si possible) gagne toujours, quand, simultanément, vous accordez une égale importance à des considérations plus paisibles, épicuriennes, hédonistes.

Votre cœur à l'ouvrage

Dans l'action, une saine émulation vous stimule toujours. Vous appréciez d'ailleurs qu'on se repose sur vous, qu'on se réfère à vous, qu'on ne puisse rien entreprendre ni agir sans vous. La fierté et l'ambition vous dictent moins une telle attitude, que le désir de vous sentir maître de la situation, ou de vous retrouver au centre de tout ce qui se passe.

Votre tonus et votre vitalité

Vous pouvez vous montrer très dur avec vous-même, pour sauvegarder votre bien-être coûte que coûte, mais aussi pour vous adonner aux plaisirs avec une absence totale de retenue, mettant alors votre équilibre vital en péril. Toutefois, il faut bien reconnaître que vous bénéficiez souvent d'une constitution solide, endurante, résistante, pleine de ressources.

Votre style de vie

Le style de vie que vous adoptez tient à la fois du grand seigneur hospitalier, généreux, mais paternaliste, et de l'ascète austère et rigoureux, exigeant avec lui-même comme à l'égard d'autrui. Entre ces deux modes de vie, votre cœur balance, et il ne vous semble pas toujours facile de trouver le juste milieu.

L'amour tel que vous l'éprouvez

De tous les natifs de ce signe, vous apparaissez sans conteste tel le plus sérieux, le plus constant, mais aussi le plus ambitieux. Toutefois, vous faites passer vos ambitions – qui reposent sur de solides convictions et sur des compétences indéniables, aussi bien que sur un savoir acquis avec un certain brio, que sur un savoir-faire non moins brillant, habile, efficace –, avant toute autre considération. De même, votre un sens inné de la compétition qui vous stimule sans cesse, fait de vous un être qui ne reste jamais en repos.

En revanche, on ne peut pas dire de vous, que vous présentiez de bonnes dispositions pour le grand amour. Vous aspirez avant tout à admirer votre partenaire, à vous sentir impressionné par sa grande beauté, ou alors par son intelligence hors pair, par ses qualités humaines hors du commun, ou encore par son statut social élevé. Bref, vous voulez vivre auprès d'une personne que vous estimez digne de vous ou qui, d'une manière ou d'une autre, va servir vos ambitions ou votre carrière, et qui demeurera toujours à vos côtés, quoi qu'il arrive.

Le Sagittaire et

LA NOSTALGIE DES GÉMEAUX

Une fois encore, le zodiaque formant un tout cohérent, les douze signes qui le composent, suivent un ordre qui confirme qu'il résultait bien d'une invention très élaborée, d'individus qui présentaient déjà une tournure d'esprit scientifique, de véritables savants. Chacun des signes astrologiques ne se situe pas à tel endroit du zodiaque par hasard. Il suit un signe et en précède un autre.

Autrement dit, la place qu'il occupe dans le zodiaque s'inscrit dans une continuité et dans une logique, non dénuées de sens. Mais attention ! Les qualités attribuées à un signe du zodiaque n'influent en rien sur votre caractère ni sur votre personnalité. En revanche, du fait de votre caractère inné et de votre personnalité unique en son genre, vous apparaissez sur Terre à un moment qui coïncide avec la période de l'année durant laquelle le Soleil éclaire tel ou tel signe du zodiaque. Ou, si vous préférez, vous n'êtes pas ce que vous êtes à cause de votre signe astrologique natal, mais du fait que vous êtes ce que vous êtes, vous ne pouviez pas naître sous un autre signe du zodiaque que le vôtre. Et il arrive fréquemment qu'une personne native de tel ou tel signe astrologique, éprouve une espèce de nostalgie des qualités révélées par le signe opposé et complémentaire au sien — en l'occurrence, en ce qui vous concerne, le signe des Gémeaux.

Les jeux de la vie du Sagittaire et des Gémeaux

D'emblée, votre signe astral, le Sagittaire, et celui des Gémeaux qui lui fait face dans le zodiaque, présentent un point commun flagrant : le goût du jeu ! Chez vous, native ou natif du Sagittaire, cet attrait pour le jeu se caractérise surtout par votre sens quasi inné de la compétition et le trop-plein d'énergie que vous éprouvez toujours le besoin d'extérioriser en vous consacrant à une activité sportive, en assumant autant de charges et de responsabilités que possibles avec une aisance remarquable, ou alors en voyageant, en explorant le monde.

Quant à la personne native des Gémeaux, poussée par une saine curiosité, elle privilégie plutôt les jeux d'esprit et les travaux intellectuels, les études, les recherches, les enquêtes. Elle s'interroge sur sa destinée ou ses objectifs. Elle ne sait pas où elle va, ni ce qu'elle est d'ailleurs, pouvant aller n'importe où et devenir tout ou rien de la même façon, avec le même goût ludique de l'expérimentation.

Quant à vous, natif ou native du Sagittaire, vous aspirez à partir, virtuellement ou concrètement, en quête d'un ailleurs inexploré, d'un rêve impossible, d'un autre vous-même. Vous vous sentez très attiré par l'étrange et l'étranger, afin de vous dépayser totalement, de vous confronter à de nouvelles mœurs, de vivre dans une nouvelle peau ou dans un nouveau monde.

En d'autres termes, la personne native des Gémeaux se cherche elle-même, dans les regards multiples, différents que les autres posent sur elle, là où elle se trouve, s'adaptant à toutes les situations, à toutes les mentalités, pourvu qu'elles lui renvoient une image directe ou indirecte d'elle-même. Elle change donc aisément de comportement ou d'attitudes, ou alors elle joue sur deux registres à la fois, donnant vraiment l'impression qu'elle possède deux natures et deux visages.

Cette façon de se comporter vous perturbe parfois, vous qui donnez l'impression de ne pas douter de vous-même, et qui savez si bien coloniser les autres en quelque sorte, en leur imposant vos propres vues et convictions. Vous ne cherchez donc pas à vous adapter aux autres, mais à les conquérir, à les sortir de leurs habitudes, voire à leur faire adopter d'autres mœurs ou d'autres règles de vie. Et pourtant, la plasticité et la souplesse mentales inhérentes aux natives et natifs des Gémeaux, vous attirent aussi.

En exagérant, on pourrait dire que ce qui distingue la personne native des Gémeaux de vous, native ou natif du Sagittaire, réside en cela qu'elle semble à peu près convaincue de ne pas savoir ce qu'elle est, tandis que vous, non content d'affirmer votre conviction du contraire, vous prétendez savoir ce qui est bel et bon pour les autres, de penser à leur place. Pourtant, là encore, de temps en temps, vous aimeriez bien éprouver un peu plus d'insouciance et de légèreté, telle la personne native des Gémeaux.

Tandis qu'elle fait tout pour s'adapter à son milieu social naturel, vous faites l'impossible pour vous en éloigner, élargir votre horizon social, intellectuel ou géographique. Tandis qu'elle se montre très curieuse, cérébrale, critique, pleine d'humour, pourvue d'un caractère aux multiples facettes qui lui donne l'occasion de changer de visage et de centre d'intérêt à volonté, vous aussi, vous ne manquez pas de curiosité, mais d'une manière plus physique et un peu naïve, suivant les impulsions de votre caractère généreux, expansif, épicurien.

EXPÉRIMENTANT SANS RÉSERVE ce qui est ***bon pour vous***, vous prétendez savoir ce qui est ***bon pour autrui***, et tout cela très sérieusement.

Pourtant, de temps à autre, telle la personne native des Gémeaux, vous aspirez à ***plus d'insouciance et de légèreté***.

Toutefois, ces deux comportements aux manifestations très distinctes, selon qu'il s'agisse d'une personne native des Gémeaux ou du Sagittaire, se rejoignent, se confondent même parfois, dans un même état d'esprit. Celui-ci se caractérise par une agitation intellectuelle chez la première, d'où sa vive curiosité, sa grande mobilité et son pouvoir d'adaptation, et une agitation également, mais spirituelle cette fois, chez vous, d'où votre soif d'aventure, votre besoin irrépressible d'extériorisation et d'expansion, et parfois même votre indomptabilité.

De tels constats, nous pouvons déduire que, s'ils ou si elles le traduisent, l'expriment et le vivent différemment, les natifs et natives du Sagittaire et des Gémeaux partagent une même agitation mentale qui peut les rendre curieux et instables, mais aussi géniaux ou géniales, spirituels, clairvoyants. Prenons l'exemple d'un personnage haut en couleur, disparu aujourd'hui, mais chez qui, de son vivant, l'on percevait assez bien toutes ces caractéristiques à la fois contradictoires et complémentaires.

Il s'agit de Maurice Mességué, né sous le signe du Sagittaire un 14 décembre 1921, avec l'ascendant positionné dans le signe des Gémeaux. Dans son thème astral, Mercure, l'astre maître de l'ascendant, occupait également le signe du Sagittaire. Avec le recul, nous pouvons percevoir dans la vie de celui que l'on surnommera « le maître des plantes », une soif d'expansion reposant sur de solides convictions qui venaient de loin, les racines, la culture et les traditions dont il s'inspirait, remontant à plus de quatre siècles. Il prodiguait ses soins avec un égal bonheur et de bon cœur à l'être le plus obscur et anonyme, quand par ailleurs il s'affichait en chantre et pionnier de la phytothérapie moderne, gagnant procès sur procès que le Conseil de l'ordre des médecins lui intentait pour exercice illégal de la médecine (déjà), dénonçant lui-même sans vergogne les activités des charlatans, et soignant des personnalités qui venaient le consulter fréquemment : Winston Churchill (né le 30 novembre 1874, sous le signe du Sagittaire), Mistinguett (née le 3 avril 1875, sous le signe du Bélier), Jacques Chirac (né le 29 novembre 1932, sous le signe du Sagittaire), entre autres.

Cette simple phrase, écrite de sa main, résume assez bien la curiosité naturelle et le goût des voyages, deux caractéristiques du signe du Sagittaire d'une part, du signe des Gémeaux d'autre part : « *J'ai toujours aimé voyager parce que je suis curieux de tout et surtout des hommes.* »[4]

4 Maurice Mességué, ***Des hommes et des plantes***, Robert Laffont, Paris, 1970.

VOTRE DESTIN
et votre libre arbitre

Comme nous venons de le voir, le Sagittaire, votre signe natal, et les Gémeaux, le signe qui lui fait face dans le zodiaque, se situent sur le même axe. Ainsi, en plus de la nostalgie des Gémeaux qui vous caractérise plus ou moins, selon votre personnalité, cet axe zodiacal nous permet de découvrir les grandes lignes de votre destin, ainsi que comment et jusqu'où vous pouvez exercer votre libre arbitre.

Votre destin d'homme ou de femme Sagittaire du premier décan

D'emblée, vous vous comportez tel un être pourvu d'un grand pouvoir d'adaptation, d'une sorte de plasticité cérébrale qui vous permet d'assimiler et de faire vôtres toutes les idées et convictions d'autrui, de percevoir intuitivement les idées et les courant des pensées dans l'air du temps, de vous en imprégner et de vous y conformer. De ce fait, on apprécie d'entrer en relation avec vous, car non seulement vous ne vous montrez pas contrariant, mais vous semblez faire passer les désirs d'autrui et ses attentes avant les vôtres. Toutefois, en vous comportant de la sorte, vous engendrez des malentendus, négligeant fréquemment d'exprimer vos propres pensées, idées et convictions, tant et si bien que vous laissez vos interlocuteurs exercer un ascendant moral, intellectuel ou affectif sur vous, ce qui, bien sûr, à terme, ne peut pas vous convenir.

Comment apprendre à exercer votre libre arbitre

Et pourtant, vous nourrissez de profondes et sérieuses convictions, que vous ne savez pas exprimer simplement, spontanément, parce que vous craignez de ne pas vous sentir à la hauteur de ce que vous pensez, ou tout simplement d'être critiquable. En effet, gêné par une sorte de complexe d'infériorité intellectuelle, vous ne vous laissez pas aller à dire les choses comme elles vous viennent. Dès lors, vous vous encombrez de formules alambiquées ou trop riches, qui ne reflètent en rien le fond de votre pensée. Pourtant, là encore, vous ne manquez pas de dons, de talents, ni de qualités pédagogiques indéniables. Dès lors, il faut vous résoudre à vous forger vos propres convictions, mais aussi à les communiquer purement et simplement, sans forcément chercher à plaire ou à satisfaire votre auditoire.

Votre destin d'homme ou de femme Sagittaire du deuxième décan

En proie à une espèce d'agitation mentale ne vous laissant aucun répit, vous n'en brillez pas moins, intellectuellement parlant, en société notamment, témoignant d'une belle aisance dans tous les échanges et les rapports humains. Vous vous révélez également doué pour le commerce et les affaires. Toutefois, à travers votre sociabilité et votre amabilité, vos bavardages incessants ou votre goût pour le soliloque et l'unique plaisir de faire usage de la parole, vous dissimulez une mentalité conformiste. Vous devenez un peu tout ce que les autres vous demandent d'être, par jeu pour ou pour satisfaire vos intérêts personnels, mais sans jamais montrer votre vrai visage.

Comment apprendre à exercer votre libre arbitre

De telles attitudes dénuées de sincérité ou d'engagements intimes, affectifs ou personnels dans vos relations, ne peuvent que vous décevoir tôt ou tard. En effet, tout se passe comme si vous refusiez de vous engager, de faire un choix plutôt qu'un autre, ou d'aller jusqu'au bout de ce que vous entreprenez ; comme si, la peur au ventre, vous vous reteniez de vous sentir impliqué ou de ne pas vous savoir à la hauteur de vos ambitions. Vous préférez donc rester en surface, dans votre contexte habituel, quand il faudrait pourtant que vous creusiez en profondeur, que vous alliez plus loin, ailleurs, autrement. Du jour où vous vous décidez enfin à explorer des zones inconnues, où vous vous sentez totalement livré à vous-même, vous pouvez espérer acquérir des vues plus hautes, et accomplir vos aspirations, à savoir penser, agir, vivre librement.

Votre destin d'homme ou de femme Sagittaire du troisième décan

Intelligent, raisonnable, ambitieux, vous semblez prêt à tous les compromis pour parvenir à vos fins. Pour ce faire, vous vous pliez aux mœurs, aux règles, aux principes de votre milieu naturel, donnant ainsi l'impression d'une personne sociable et communicative, souple et compréhensive. Quand en réalité, seules vos ambitions personnelles dictent vos choix. Pourvu d'un caractère égocentrique, distant et calculateur, vous trompez bien votre monde. En effet, on vous croit bien intégré dans votre contexte, mais, au fond, vous nourrissez une volonté profonde de vous singulariser, de vous distinguer d'autrui, en témoignant notamment d'un esprit critique, systématique, parfois acerbe ou agressif, jusqu'à porter un regard très dur et des jugements implacables à l'égard d'autrui.

Comment apprendre à exercer votre libre arbitre

Dès lors, tôt ou tard, on finit par s'apercevoir que vous ne semblez pas aussi souple que vous voulez bien le laisser croire, mais aussi que vous vous dispersez, que vous vous perdez dans de multiples activités et relations, pour mieux donner le change et dissimuler votre véritable personnalité. Or, vous auriez tout à gagner à devenir authentiquement vous-même, sans tricher, ni avec vous-même ni avec autrui. En effet, dès que vous acceptez de montrer votre vrai visage, reflet de votre personnalité originale et singulière, de votre caractère attiré naturellement vers les hautes sphères de la pensée, de la réflexion, voire de la philosophie, dès que vous osez vous orienter vers tout ce qui vous ouvre d'autres horizons, vous découvrez que les perspectives et les expériences enrichissantes dont vous rêviez depuis toujours, se trouvent à votre portée. Or de telles expériences vécues pas vous, vous rendent plus bienveillant, plus humain, heureux de partager avec autrui de profondes réflexions et de solides convictions.

Focus sur

VOTRE ASCENDANT

Les informations fournies par la position de l'ascendant dans le thème astral peuvent s'apparenter au moi, à l'ego en langage psychologique, et au paraître, ou, du moins, à l'apparence qu'un être veut bien donner de lui-même. Celles concernant le descendant renseignent sur tout ce qui pousse ou invite l'individu à s'unir, s'associer, tout ce qui lui vient des autres et des circonstances. Ensemble, ils forment le pivot de son caractère. La cuspide ou pointe de la Maison I indiquant l'ascendant correspond au point du zodiaque où le Soleil se lève et entreprend son ascension jusqu'à son zénith. La cuspide de la Maison VII indiquant le descendant, correspond quant à elle au point du zodiaque où le Soleil se couche et descend vers son nadir.

« Je suis Sagittaire, ascendant Lion ! »

Qu'est-ce que cela signifie ? La position de l'ascendant se calcule d'après le jour, le mois, l'année, l'heure et le lieu de naissance, tout comme celle du Soleil et de tous les astres qui figurent dans une carte du ciel. Mais si les positions du Soleil et des astres sont indiquées dans les éphémérides au jour le jour, il n'en va pas de même de l'ascendant. Ce dernier coïncide en effet avec l'un des trois cent soixante degrés du zodiaque qui se lève à l'horizon oriental, à l'instant de la naissance. Il se calcule à partir de l'heure et du lieu de naissance. En d'autres termes, il se situe au point précis du zodiaque où le Soleil se lève, s'est levé ou se lèvera, et à l'instant non moins précis où une personne naît, selon le lieu où elle voit le jour.

L'axe ascendant-descendant

Dire « se lève, s'est levé ou se lèvera » signifie qu'une naissance se produit indifféremment de jour comme de nuit, à midi ou à minuit, le matin ou l'après-midi. Ainsi, dans un thème astral, si l'heure du lever du Soleil est :

- la même que l'heure de naissance, l'ascendant se situe au point précis du zodiaque où le Soleil se lève ;

- antérieure à l'heure de naissance, l'ascendant va se placer au point précis du zodiaque où le Soleil s'est levé ;

- postérieure à l'heure de naissance, l'ascendant se trouvera au point précis du zodiaque où le Soleil se lèvera.

Le descendant est le point diamétralement opposé au degré du zodiaque occupé par l'ascendant, à l'horizon occidental, là où le Soleil se couche, s'est couché ou se couchera, selon le cas, là encore. En résumé, le point du zodiaque où se trouve l'ascendant (lever du Soleil), et celui où se situe le descendant (coucher du Soleil) forment un axe qui représente l'horizon dans le zodiaque. Par exemple, l'ascendant d'une personne née au moment précis du lever du Soleil se situe systématiquement, et obligatoirement, dans le même signe du zodiaque que son Soleil natal, tandis que le descendant, bien sûr, se trouve dans le signe opposé. À l'inverse, l'ascendant d'une personne née à l'instant précis du coucher du Soleil occupe nécessairement le signe opposé à celui de son Soleil natal, proche du descendant.

D'où vient l'ascendant ?

Les premiers prêtres et astrologues de Mésopotamie n'établissaient pas de carte du ciel d'après l'heure de naissance d'une personne en particulier. Ces grands ancêtres se préoccupaient rarement de l'individu, en dehors du roi à la destinée de laquelle s'identifiait un peuple, ou les habitants d'une Cité-État. Beaucoup plus tard, des prêtres chaldéens, contraints d'émigrer en Grèce, ou ayant choisi de s'installer dans ce nouveau foyer de la civilisation, apportèrent leurs remarquables connaissances en mathématiques, en géométrie et en astronomie. L'un d'eux, Bérose, historien et astrologue, s'établit dans l'île de Kós, où il fonda la première école d'astrologie, à la fin du IIIe siècle avant notre ère. C'est sans doute dans un tel contexte culturel et historique que furent appliqués pour la première fois les principes de l'astrologie dite généthliaque, fondée sur la position des astres au moment de la naissance d'un individu. Cette époque marque en effet un tournant dans l'histoire de l'astrologie. Dès cette période, les astrologues adoptèrent et pratiquèrent couramment cette technique. Ainsi, en Grèce, la destinée de l'individu devint une préoccupation majeure, laissant son empreinte indélébile sur l'évolution des mentalités gréco-romaine, gallo-romaine, du Moyen Âge et de la Renaissance.

De l'importance de l'ascendant dans un thème astral

Techniquement et pratiquement, à partir de l'ascendant correspondant à la cuspide de la Maison I dans le zodiaque du thème natal, se déclinent les positions des onze autres Maisons. En cela, sa position joue un rôle majeur dans les calculs et le montage du thème astral. Mais de plus, sa situation renseigne sur le paraître, l'apparence physique et psychologique d'un être, le visage et l'image qu'il se plaît à montrer de lui-même. Ainsi, le plus souvent, le physique, la forme et les traits du visage, l'allure, et la démarche même peuvent se reconnaître d'après la position de l'ascendant dans le thème astral, à condition, toutefois, de prendre en compte la situation du maître du signe dans lequel se place l'ascendant. Par exemple, pour appréhender la morphopsychologie ou le comportement physique et moral d'une personne dont l'ascendant occupe le signe du Sagittaire, pour se faire une idée de son apparence, il faut tenir compte des caractéristiques fournies par l'ascendant dans ce signe, bien sûr. Mais il faut aussi s'intéresser aux caractéristiques révélées par la position de son maître, Jupiter, dont les significations différeront selon qu'il se trouvera dans le signe des Gémeaux, du Lion, du Scorpion ou de tout autre signe.

Précisions à propos de l'axe ascendant-descendant

Il existe une étroite corrélation entre les informations révélées par la position de l'ascendant dans le thème astral, et les indications fournies par le descendant qui lui fait face. Les unes ne peuvent s'interpréter sans les autres. En effet, les deux signes occupés par les cuspides de cet axe sont forcément opposés et complémentaires. Par exemple, si l'ascendant occupe le signe du Lion, le descendant se trouve obligatoirement dans le signe du Verseau. Dès lors, les qualités mises en avant par l'ascendant en Lion ne prennent tout leur sens qu'en relation avec les caractéristiques révélées par le descendant en Verseau, relativement à elles, et inversement. Suivant cet exemple, le besoin de reconnaissance et d'admiration engendrant parfois une inflation du moi chez l'individu dont l'ascendant se trouve dans le signe du Lion dans son thème astral, ne peut exister chez lui sans des rapports gratifiants avec le monde extérieur. Il aspire à l'union ou à l'association sur les bases d'une admiration réciproque, et d'une liberté mutuelle, toutes informations relevées par le descendant dans le signe du Verseau dans son thème natal. De même, le caractère franc, loyal, et le magnétisme, indiqués par l'ascendant Lion, forcent sans doute la sympathie de l'entourage, et suscitent des relations variées, et dynamiques comme le révèle le descendant Verseau. Une synthèse de ces indications laisse supposer que, chez l'individu en question, une certaine fierté, ou un orgueil affiché, selon le cas, lui interdit toute union ou association durable, mais le pousse plutôt à rechercher des collaborations, à partager des centres d'intérêt avec les autres. Il préférera sûrement l'union libre au mariage.

Être ou paraître ?

Une idée reçue veut que le signe qu'occupe l'ascendant dans le thème astral exerce une « influence » de plus en plus forte, l'âge aidant, sur le caractère, le tempérament, et le comportement de l'individu quel qu'il soit. Il s'agit d'une conception totalement erronée. Le Soleil dans le thème astral figure le noyau de la personnalité, la volonté, l'être en soi. L'ascendant représente le moi, l'ego, l'individualisation, le paraître. Certes, il est important que, suivant les étapes formatrices de la vie, l'ego puisse s'affirmer, le caractère se distinguer en s'individualisant, et, ce faisant, imposer son style dans le grand jeu des apparences sociales et relationnelles. Cependant, une certaine dégradation des relations et des valeurs humaines engendre des négligences ou de regrettables omissions. Ainsi, le plus souvent,

Selon le signe qu'occupe ***votre ascendant***, votre ego s'EXPRIME sous telle ou telle forme.

Méditez sur les formes d'***expression*** de votre ***ego***, et demandez-vous comment elles s'accordent avec ***votre besoin d'action et d'élargir votre horizon***.

l'individu, pour toutes sortes de raisons inhérentes à son contexte social, culturel, économique, et psychologique, néglige de franchir ces étapes une à une, ou ignore tout simplement qu'il doit le faire parce que plus personne ne le lui enseigne. Victime ou prisonnier de ses complexes, il se soucie bien plus, bien trop, de son intégration sociale, de préserver ses acquis, et de son apparence dès lors qu'il dispose d'un certain confort. Ce faisant, pour peu qu'il s'intéresse de près ou de loin à l'astrologie et à la psychologie, les caractéristiques révélées par l'ascendant lui semblent bien plus appropriées à son mode de vie et à ses préoccupations que celles relatives à son signe natal, autrement dit à la place qu'occupe le Soleil dans son thème astral. Pourtant, suivant l'évolution naturelle de l'être en formation, ou en devenir, il va de soi que le paraître peut rendre service à l'être, mais que, dans l'esprit de l'individu, s'il constitue une fin en soi, il finit par voiler sa conscience, par le rendre de plus en plus inconscient. Plongé dans le monde des apparences, et des circonstances extérieures, il se sent peut-être un individu libre, mais il n'exerce aucun libre arbitre.

Sagittaire ascendant Bélier

Partir, voyager, explorer, vous évader, tout cela constitue toujours une préoccupation majeure, à un moment ou à un autre de votre vie, voire durant toute votre existence. Cela se traduit pour une curiosité affichée pour le lointain, l'au-delà des limites de votre milieu parental, de votre pays natal, et une volonté d'aller voir, sonder, expérimenter ce qui se passe derrière les murs fictifs de l'horizon. Ainsi, plusieurs options s'offrent à vous. Pour des raisons indépendantes de votre volonté, durant votre enfance ou votre adolescence, vos parents, par choix ou contraints, s'exilèrent. Vous grandissez donc en vous sentant déraciné. Ou bien, poussé par un désir d'élargir votre horizon, tôt ou tard, vous finissez vous-même par quitter vos racines, et par vous installer dans un autre pays que le vôtre. Ou encore, vous croisez une personne dans un pays étranger, et pour elle, avec elle, vous décidez de vivre ailleurs, autrement. Ou enfin, vos ambitions et vos responsabilités professionnelles vous amènent à les exercer à l'étranger…

Sagittaire ascendant Taureau

Quelque chose fait de vous un héritier ou une héritière, sans qu'il s'agisse nécessairement d'une filiation familiale ou d'une succession de biens patrimoniaux. Parfois, cela se résume bien à de telles transactions. Mais d'autres fois, il faut entendre héritage au sens large. Ainsi, pouvez-vous « hériter » d'une situation en vue ou d'un poste à responsabilité, grâce à vos mérites. Ou encore devenir l'héritier naturel d'une tradition, d'une forme d'expression artistique, d'un mode de pensée ou d'une philosophie, etc. Et si rien de tout cela ne se produit durant votre existence, tôt ou tard, vous finirez probablement par abandonner votre contexte social, culturel, voire familial, du jour au lendemain, changeant totalement de vie en plantant vos racines dans un endroit, une région, un pays correspondant très exactement à vos aspirations profondes. Il arrive aussi que vous puissiez tirer avantage de circonstances indépendantes de votre volonté, et qui vous permettront de vivre beaucoup plus confortablement.

Sagittaire ascendant Gémeaux

Vous vous montrez presque toujours sous un jour sociable, aimable, sympathique, très doué pour vous adapter aux situations et circonstances les plus variées. Vous donnez ainsi l'impression de jouer le jeu des autres, notamment en cultivant un grand nombre de relations toutes plus stimulantes les unes que les autres. Certes, celles-ci vous permettent d'élargir votre horizon social et, fréquentant des personnes plus cultivées ou mieux éduquées que vous, ou occupant des situations en vue, par leur intermédiaire, vous croyez toucher les étoiles, selon l'expression consacrée. Cependant, tôt ou tard, vous vous lassez de ce jeu social ou superficiel, et vous révélant fondamentalement joueur ou joueuse, vous vous lancez à vous-même un défi plus ambitieux, ou vous prenez d'autres paris, sur vous-même exclusivement. Ce qui vous induit à prendre un tournant sinon marginal, du moins original, au cours de votre existence, qui vous amènera probablement à réussir, mais hors des sentiers battus.

Sagittaire ascendant Cancer

Vivre chaque jour que Dieu fait dans la joie et la bonne humeur, cela peut sembler quelque peu simpliste. Sauf pour vous, qui savez si bien donner le meilleur de vous-même quasiment à tout instant, qui faites preuve d'une telle bonhomie et d'un si bon caractère qu'il suffit de se frotter à vous ou de se trouver en votre présence pour se sentir tout de suite mieux en cas de coup de blues ou de petite dépression passagère. De même, quelles que soient vos occupations, vous les exercez toujours avec entrain et optimisme, ne voyant que des solutions là où d'autres semblent se heurter à des problèmes insolubles ou subissent de nombreux désagréments. Et puis, vous semblez si bien cultiver l'art de vivre mieux que personne, appréciant les plaisirs raffinés de la table, les réunions conviviales, que vous vous révélez naturellement un hôte ou une hôtesse de choix ou un convive très recherché. Enfin, d'une manière ou d'une autre, vous montrez de belles dispositions pour jouer un rôle de chef, ou simplement préparer d'excellents petits plats.

Sagittaire ascendant Lion

Vous semblez un hédoniste né. Autrement dit, quoi que vous fassiez, quel que soit votre mode de vie, vos choix, vos convictions, votre éducation, votre culture, vous aimez vous procurer du plaisir et faire plaisir, plus généralement. D'où une certaine exubérance, chez vous, résultant de votre trop-plein d'énergie et de vitalité, qu'il vous faut à tout prix dépenser, votre bonne volonté ou votre volonté de bien faire, de faire plaisir là encore, parfois envahissante, voire étouffante. Le plus souvent, vous mettez autrui dans une telle position, qu'il ne peut rien vous refuser. D'où aussi votre grande chaleur humaine incontournable, qui n'exclut pas un amour de votre propre confort quelque peu égoïste. Bref, vous montrant toujours très démonstratif.ve, un peu trop même, vous ne passez pas inaperçu. Cependant, votre soif de jouir des plaisirs de la vie procède moins d'une sensualité intense ou impérieuse, que d'un besoin irrépressible d'être satisfait.

Sagittaire ascendant Vierge

Malgré votre caractère naturellement réservé ou discret, vous témoignez d'une réelle joie de vivre dans votre milieu familial, fréquemment aisé ou prestigieux, ou dans votre foyer, un havre de paix que vous savez rendre agréable, chaleureux, accueillant, hospitalier et surtout très confortable. Ainsi vous révélez-vous le moins voyageur ou la moins exploratrice des natifs ou natives du Sagittaire, plutôt apte ou encline à vous évader sur place, si j'ose dire, par la pensée, en lisant, en étudiant, en tentant de résoudre des énigmes ou, pourquoi pas, en explorant des zones non pas inconnues, mais négligées du savoir. Vous excellez ainsi pour découvrir ou trouver le détail que d'autres avant nous négligèrent ou ignorèrent, mais qui, pourtant, ouvre des horizons nouveaux ou offre de nouvelles perspectives. Ainsi, en ce qui vous concerne, vous semblez n'avoir de cesse de mettre le monde en ordre, le vôtre en particulier, afin de pouvoir évoluer dans un cadre ou un contexte qui vous rend heureux.

Sagittaire ascendant Balance

Vous donnez souvent l'impression de ne pas tenir en place, de vouloir sans cesse bouger, élargir votre horizon intellectuel, relationnel, social, culturel, vous occasionner de nouvelles rencontres avec des étrangers ou des êtres venus d'ailleurs. Et du fait que la vie se révèle bien mieux faite que nous voulons bien le croire, les circonstances vous amènent à croiser sur votre route des personnes qui vous ouvrent des horizons nouveaux. Ou bien, vous entreprenez vous-même des études qui vous donneront peut-être l'occasion d'exercer vos compétences ou vos talents sous d'autres cieux que ceux qui vous ont vu naître. Quoi qu'il en soit, d'une manière ou d'une autre, quelque chose de plus fort que vous, vous pousse à repousser vos limites, à sortir de vos frontières, à vivre l'aventure de la vie avec un grand A. Sans pour autant perturber votre sacro-saint équilibre psychologique, et toujours avec la volonté de trouver si possible l'accord parfait avec une personne en particulier, mais aussi avec les autres, plus généralement.

Sagittaire ascendant Scorpion

Ordinairement, vous dissimulez vos instincts à fleur peau, et votre nature toujours un peu sauvage, indomptable, derrière un comportement bon enfant, optimiste, expansif, habile à s'emparer des avantages que lui offre d'emblée son milieu naturel. Dès lors, votre situation matérielle et pécuniaire passe souvent par des hauts et des bas, du fait que, d'une part vous semblez doué pour très bien gagner votre vie, faire de bonnes affaires, ou tirer le plus grand profit de vos activités. Mais d'autre part, si vous vous lassez d'une situation, ou de tel ou tel métier que vous exercez, par jeu, par choix, ou inconsciemment, il peut vous arriver de tout remettre en question et de repartir sur des bases entièrement nouvelles. Car vous n'aimez pas du tout vous sentir contraint, obligé, redevable. Dans tout ce que vous faites et ce que vous vivez, il vous faut toujours jouir d'une certaine marge de manœuvre. Et pourtant, ne manquant pas d'une certaine forme de séduction, mais aussi de générosité et de tolérance, vous plaisez beaucoup. Mais vous ne vous laissez pas facilement apprivoiser.

Sagittaire ascendant Sagittaire

Ambitieux ou idéaliste ? Un peu des deux, probablement. Cependant, malgré vos belles et fortes aspirations, vous vous révélez beaucoup plus prudent qu'il n'y paraît, habile à prendre des précautions, d'ordre pécuniaire notamment, de sorte de vous préserver une poire pour la soif. Et lorsque votre sécurité vous semble acquise, solide, alors vous cherchez un terrain de jeux, si j'ose dire, dans l'espace duquel vous pourrez vous extérioriser pleinement, dépenser votre énergie et votre belle vitalité, vous prouvez à vous-même à autrui de quoi vous êtes capable. Mais il se peut aussi que, en cours de route, vous en changiez, afin de pouvoir tenter toutes sortes d'expériences, et de témoigner de votre pouvoir d'adaptation à différents environnements. Ou tout simplement parce que vous faites preuve d'une belle curiosité dans vos rapports avec autrui, que vous aimez bien cultiver des relations stimulantes, variées, avec des êtres venant d'horizons divers, qui apprécient fort votre optimisme, votre caractère enjoué et votre bonne volonté.

Sagittaire ascendant Capricorne

Vous cachez bien votre jeu, autrement dit votre amour de la vie, l'aspect épicurien de votre caractère, et une certaine aptitude à profiter de toutes les occasions qui s'offrent à vous pour réussir dans vos entreprises, vous enrichir, qui fait de vous un opportuniste. En effet, vu de l'extérieur, vous donnez toujours l'impression d'un être sérieux, raisonnable, plus enclin à vivre sur la défensive, que de s'imposer aux autres sous une forme agressive ou ambitieuse. Et pourtant, en réalité, vous vous révélez aussi ambitieux que tenace, sachant très bien faire votre trou, selon l'expression consacrée, puis le consolider, voire l'entourer de véritables remparts qui vous mettront à l'abri des changements, des perturbations extérieures et des vicissitudes de la vie. Cela fait, vous mettez en application l'adage suivant lequel « pour vivre heureux, vivons cachés. » Vous n'étalez donc jamais votre bonheur et vous ne vous vantez pas de vos mérites ni de vos succès. Ce qui vous incline naturellement à un obscur sentiment de solitude ou d'insatisfaction.

Sagittaire ascendant Verseau

On peut dire de vous que vous cultivez spontanément l'art et la manière de vous faire des amis influents, de trouver des aides ou des protections, ou alors, que la chance pure vous permet de vous unir ou de vous associer à une personne prestigieuse ou plus élevée socialement que vous. Et bien que vous aimiez préserver votre indépendance par tous les moyens, que vous appréciez aussi beaucoup de partir, de voyager – ce que vous pourrez probablement faire à plusieurs reprises au cours de votre existence –, vous n'en aspirez pas moins à vous enraciner quelque part et pour longtemps. Dès lors, vous semblez beaucoup plus attiré par le tourisme que par une aventure ou un pèlerinage. De même, vous aimez faire de grands projets. Cependant, dès qu'il s'agit de vous investir vous-même pour les réaliser, ou bien de risquer de perdre vos acquis ou les biens matériels auxquels vous semblez plus attaché que vous voulez bien le laisser croire, vous préférez y renoncer, quitte à vous sentir frustré tout en donnant l'impression du contraire.

Sagittaire ascendant Poissons

Famille et foyer je vous aime, pourriez-vous dire. Et vous ne mentiriez pas. En effet, très attaché à vos origines, à vos parents, à votre vie familiale et, par extension, à votre propre cadre de vie, vous pouvez tout aussi bien dire ou croire que, votre foyer se situe sur l'eau ou bien au-delà des mers. En effet, inconsciemment fidèle à la symbolique du Centaure, figure mythique de votre signe zodiacal, vous semblez vivre sur un bateau, ou au gré des flots des circonstances de la vie, sans trop prévoir ce que vous allez faire ou ferez à plus ou moins long terme. Et pourtant, vous ne manquez pas d'un certain réalisme. Mais chez vous, il côtoie une espèce de folie tranquille, de pleine ouverture au monde et à la vie, qui ne vous induit pas à vous fixer quelque part une fois pour toutes, ni même à faire des choix définitifs. Vous pensez donc que tout est possible, que tout peut arriver, et, au fond, vous attendez ou vous espérez toujours que quelque chose de nouveau, d'invraisemblable, de merveilleux, de fantastique, se produise dans votre vie.

Au pied de quel **ARBRE** êtes-vous né ?

À l'instar des Sumériens, des Égyptiens, des Chinois ou de tous les peuples des civilisations anciennes, les Celtes, nos ancêtres européens, eux aussi, observaient les mouvements du ciel. Toutefois, en ces temps reculés, l'Europe, pas encore divisée par des frontières, mais pas encore unie pour autant, se distinguait par ses paysages recouverts de forêts denses. Ainsi, les peuples celtes constituèrent-ils un calendrier des arbres qui présentaient bien des points communs et des ressemblances avec le zodiaque. Chaque individu naissant à telle ou telle période de l'année se voyait ainsi attribuer un arbre tutélaire. Voici pour vous les correspondances entre ce calendrier celtique et le zodiaque, et les informations personnelles que vous pouvez en tirer...

Imaginez-vous ***allongé***
au pied d'un ***frêne***,
votre arbre ***tutélaire***, et
ENTREZ EN RELATION
avec vos ***racines***...

♐

En coloriant l'image de votre ***arbre tutélaire***, demandez-vous pourquoi et comment votre ***caractère ambitieux et votre aptitude au bonheur*** s'opposent en vous parfois...

Si le bois respire l'intelligence sous l'écorce, en ce qui vous concerne, il faut aussi savoir dans quelle terre profonde, encore chaude et généreuse, vous prenez racine. Découvrez donc votre arbre tutélaire et les qualités complémentaires à celles de votre signe natal, le Sagittaire, qu'il vous confère et vous révèle selon la période de l'année où vous fêtez votre anniversaire.

Le frêne d'automne du 22 novembre au 1er décembre

Aussi souple, qu'adaptable aux circonstances les plus variées, vous pouvez cependant vous montrer particulièrement autoritaire, rigide, intraitable, lorsque vos convictions et vos principes sont en cause. Très exigeant à l'égard de vous-même, animé par une forte volonté de maîtriser vos instincts, vous ne faites aucune concession à ce sujet, jusqu'à témoigner d'une tolérance zéro vis-à-vis de ceux qui ne s'efforcent pas de surmonter leurs faiblesses. Naturellement ambitieux, si l'on peut dire, et fort déterminé à atteindre vos objectifs par tous les moyens, vous n'en nourrissez pas moins des préoccupations philosophiques qui vous inclinent à tirer parti de toutes vos expériences personnelles, afin d'en tirer des leçons et une morale bien à vous. Et pourtant, malgré vos exigences, vos bouffées d'intransigeance et votre volonté affirmée de réussir dans votre domaine de compétence, vous n'en présentez pas moins une belle aptitude au bonheur. Vous savez le trouver et en répandre généreusement autour de vous.

Votre art d'aimer

Les relations amoureuses ordinaires et les tâches routinières ne présentent aucun intérêt à vos yeux. Il faut vous étonner à chaque instant. Selon vous, l'amour ressemble à un jeu relationnel, que vous prenez néanmoins très au sérieux. Vous voulez séduire, plaire, et vous n'en attendez pas moins de votre partenaire. Vous le guettez.

Vous observez la moindre de ses réactions dont vous tirez de rapides conclusions et le plus grand profit. De la sorte, vous le devinez, vous le comprenez, vous anticipez ses désirs et ses réactions, vous le testez en permanence. Votre esprit fin vous confère un certain charme. Mais votre curiosité rend votre fidélité ou votre constance en amour plus que douteuse. Ayant souvent l'embarras du choix amoureux, vous semblez chercher sans cesse le nec plus ultra, sans vouloir vraiment le trouver.

Le charme d'automne du 2 au 11 décembre

Du fait même de votre caractère naturellement porté au dévouement, on peut dire que vous possédez une réelle vocation pour donner le meilleur de vous-même à une grande et noble cause à laquelle, d'ailleurs, vous vous intéressez plus que vous y croyiez. Par ailleurs, fort de qualités innées pour rêver, imaginer, créer, et d'un esprit inspiré, vous n'endossez pas pour autant le costume de l'artiste introverti s'éloignant du monde, des réalités et des autres, afin de se consacrer exclusivement à son œuvre. Vous préférez admirer et soutenir inconditionnellement celle, celui ou ceux qui, à vos yeux, détiennent un plus grand talent que le vôtre, mais qui se montrent bien malhabiles à faire valoir leurs mérites, à faire parler d'eux, à s'exposer. On peut donc vous qualifier d'opportuniste, mais pour la bonne cause et jamais à des fins égoïstes.

Votre art d'aimer

Plus distant que réservé ou méfiant, vous n'exprimez pas souvent vos sentiments amoureux, vos émotions, vos désirs. Ce trait de votre caractère peut sembler curieux aux personnes qui vous connaissent, du fait que vous aimez vous extérioriser, vous dépenser physiquement, et que vous appréciez les discussions franches. Alors, pourquoi cette étrange attitude affective de votre part ? Tout simplement

Imaginez-vous ***allongé***
au pied d'un ***charme***,
votre ***arbre tutélaire***, et
ENTREZ EN RELATION
avec vos ***racines***.

En coloriant votre ***arbre de vie***,
méditez sur ***votre propension au dévouement***, et demandez-vous
si vous connaissez bien vos ***vrais talents***, ***artistiques***, notamment...

parce que, à vos yeux, tout ce qui concerne l'amour constitue une affaire sérieuse et grave. Dès que vous sentez que vous allez perdre vos moyens et votre tête qui contrôle tout, vous vous ressaisissez, pesant le pour et le contre, pour finalement vous résigner à faire ce que vous dicte votre devoir. Et votre devoir, parfois, consiste à perdre la raison, par amour, évidemment.

Le figuier d'automne du 12 au 21 décembre

Vous aspirez avant toute chose à trouver et à vous vouer corps et âme à votre propre idéal de pensée ou de vie que vous voulez pouvoir incarner et représenter pleinement tout au long de votre existence. Idéaliste certes, mais pas irréaliste pour autant, vous savez vous procurer ou vous donner les moyens matériels et concrets de réaliser vos rêves, d'atteindre vos objectifs, de satisfaire vos désirs. Pourvu d'une espèce de clairvoyance lucide ou de discernement intuitif, vous voyez souvent plus loin que les autres, mais vous prenez toujours le temps d'aller là où votre cœur ou votre esprit vous porte. Vous savez très bien ce que vous allez faire et avec qui. Vous attendez sagement votre heure, autrement dit le bon moment pour agir. Enfin, plutôt sensible à la réussite matérielle et aux richesses de ce monde, ces deux centres d'intérêt peuvent aussi se révéler d'authentiques motivations pour vous.

Votre art d'aimer

Bien que peu enclin à braver les interdits, vous n'en aspirez pas moins à vivre votre vie par-delà les contraintes et les interdits. De même, bien qu'attaché à votre famille, à vos racines, à votre propre foyer, vous éprouvez le besoin de sortir de votre cage confortable ou dorée, pour aller vous frotter les ailes à d'autres oiseaux ou oiselles de passage. Cela dit, votre vraie dualité réside dans le conflit latent qui couve en vous, entre vos aspirations idéalistes d'une part, et votre frénésie d'affections ou d'aventures amoureuses d'autre part. Vous réussissez mal à concilier ces deux tendances en vous, ou à les vivre simultanément et sereinement. Si vous y parvenez malgré tout de temps à autre, c'est rarement à l'avantage de votre vie sentimentale toujours plus ou moins instable et mouvementée, mais au profit de vos ambitions que votre persévérance vous permet de satisfaire, tôt ou tard.

Imaginez-vous ***allongé***
au pied d'un ***figuier***,
votre ***arbre tutélaire***, et
ENTREZ EN RELATION
avec vos racines...

♐

En coloriant l'image de votre ***arbre tutélaire***, demandez-vous d'où vous vient ce besoin irrépressible ***d'aller toujours là où votre cœur vous porte***...

VOS FLEURS
porte-bonheur

Parlez-vous la langue des fleurs ? Probablement, mais vous l'ignorez encore. Il s'agit d'un langage très subtil, sans mot, ce symbole qui nous permet de nommer tout ce qui existe, mais qui englobe rarement tout ce qu'il désigne. Le langage des fleurs se joue sur toutes la gamme des parfums, des couleurs dont les harmonies font écho à nos pensées et à nos sensations. Voir une fleur et respirer son parfum suffisent à la connaître. Connaissez-vous les fleurs en affinité avec votre signe astrologique ? Découvrez-les et portez-vous bonheur !

À chaque période de votre signe, une ***fleur***, et, pour chaque ***fleur***, des ***petits bonheurs*** RIEN QUE POUR VOUS...

Que cette gerbe de ***fleurs épanouies*** vous invite à respirer les ***parfums*** du ***bonheur*** et de la ***chance*** qui vous accompagnent !

L'églantine et le cyclamen du 22 au 25 novembre

L'églantine

Ni l'églantier, la plante, ni l'églantine, sa fleur, ne manquent de piquants. Les Romains le savaient si bien qu'ils la baptisèrent *aquilentum*, dérivant de *aculentum*, « muni d'épines ». Plus tard, Pline l'Ancien (23-79) la baptisa *rosa canina*, « fleur de chien ». En effet, de ses propriétés, il tirait une potion pouvant guérir les morsures des chiens enragés. Les botanistes voient dans sa fleur rose, pourvue de cinq pétales, surnommée encore rose sauvage, l'ancêtre de la rose. Elle donne un fruit, le cynorrhodon, dont on distille un sirop riche en vitamines C, qui fait merveille en prévention des rhumes, grippes et de tous les virus hivernaux. Au Moyen Âge, à partir de l'églantier, surnommé « rosier du diable », on confectionnait des décoctions d'épines, d'écorce, de fleurs et de sève de cet arbrisseau pouvant atteindre plusieurs mètres de hauteur, en guise de philtres d'amour. Celle ou celui qui en buvait se retrouvait littéralement envoûté. Cette fleur vous ressemble en cela qu'elle fait allusion à vos sentiments passionnés, non dénués d'une certaine noblesse cependant.

Le cyclamen

Baptisée cyclamen, qui signifie roue, cercle, cycle, et qui dérive du grec *kuklos*, à cause de la forme circulaire des bulbes de sa racine, cette plante aux fleurs pendantes, rouges, roses, mauves ou blanches, pourrait bien tempérer les caractéristiques parfois extrêmes attribuées aux personnes nées durant cette période de l'année. En effet, dès la plus haute Antiquité, on lui attribua des vertus aphrodisiaques. Associé à la sensualité et à la fécondité des femmes, de la racine de cyclamen réduite en poudre entrait ainsi dans la composition de certains philtres d'amours et des pâtisseries aphrodisiaques. Plus tard, les chrétiens d'Orient surnommèrent la fleur de cyclamen « main de Marie », quand les chrétiens d'Europe la baptisèrent « gants de Notre Dame », en raison des cinq pétales dont se compose chaque fleur et qui semblaient figurer l'empreinte des cinq doigts de la main de la Vierge, lorsqu'elle toucha cette fleur selon la légende. Ainsi, le cyclamen fait à la fois allusion à la sensualité, à l'érotisme, à la passion charnelle, mais aussi à la bénédiction, à la protection et à la grâce, toutes qualités qui ne peuvent qu'adoucir votre caractère. Dès lors, offrez-vous ou portez cette fleur pour témoigner de votre admiration devant la beauté, de la noblesse et la pureté de vos sentiments, de votre délicatesse, de votre bonté d'âme, aussi bien que pour témoigner de vos désirs ardents, de votre soif de possession, de vos penchants et de vos pensées érotiques et sensuels.

La clématite et le chrysanthème du 26 novembre au 2 décembre

La clématite

Cette jolie fleur parfumée qui apparaît au cœur de l'été, pourvue de longues et fines arêtes plumeuses, qui lui valurent le surnom de « barbe à Dieu », repose et se dresse sur une tige qui peut atteindre jusqu'à 30 mètres de hauteur, et qui grimpe sur les collines caillouteuses et crayeuses des régions méridionales. Son nom dérive du grec *klêma* désignant le sarment de vigne. Signalons d'emblée que l'étymologie de son nom nous renseigne sur le rôle oraculaire que cette fleur tenait dans l'Antiquité. En effet, *klêma*, le nom grec dont elle tient son origine, appartient à la même racine que *klêros*, « objet tiré au sort » ou « tirage au sort », tandis que le latin *calamitas*, « calamité », aurait lui aussi la même racine étymologique que *clematis*, « clématite ». La clématite annoncerait-elle systématiquement la ruine ou le malheur ? Non, tout au contraire, nos ancêtres lui attribuaient des pouvoirs protecteurs de tous les maux et fléaux qui peuvent nous accabler. En réalité, il s'agit de la fleur des secrets qu'un proverbe illustre parfaitement bien : « De secret mal gardé, provient calamités. » Ainsi, pour dire à quelqu'un que nous connaissons son secret, mais que nous ne le dévoilerons à personne, ou bien afin de l'inviter à lui ou nous faire des confidences, ou tout simplement pour lui conseiller de se montrer discret, de ne rien dire de ce qu'il sait, offrez-lui un bouquet de clématites.

Le chrysanthème

Les deux racines étymologiques grecques de son nom *krusos* « or », et *anthemon*, « fleur », ne laissent planer aucun doute sur sa signification. Il s'agit d'une de ces fleurs que l'on trouve un peu partout dans le monde : en Afrique, en Chine, en Europe, en Inde, etc. Selon les pays où elle fleurit, ses couleurs changent : jaune d'or bien sûr, mais aussi pourpre, brun, rose, violet ou rose, le chrysanthème offre un bel éventail de couleurs. Choisi par la Maison impériale du Japon comme emblème, on le crut longtemps originaire du pays du Soleil levant. En réalité, tout laisse croire qu'il vit bien le jour en Asie, en Chine plus précisément, puisque l'histoire nous conte que, en 1789, un négociant marseillais en rapporta en France de l'Empire céleste. Les bouddhistes voient en lui le symbole naturel de la plénitude et de l'immortalité de l'âme. La tradition qui, chez les chrétiens, consiste à fleurir les cimetières le jour des morts, censée remplacer la fête celtique d'Halloween, honorant les morts elle aussi, mais s'assurant aussi de la prospérité des récoltes de l'année à venir, cette tradition s'inspire probablement des vertus spirituelles attribuées au chrysanthème par les bouddhistes. On comprend comment, au fil du temps et des générations, cette belle fleur multicolore aux pétales rayonnants finit par évoquer la mémoire, le souvenir, le respect porté aux chers disparus et aux traditions, la pérennité des choses de ce monde. Nous pouvons précisément en offrir pour raviver un souvenir, pour nous rappeler au bon souvenir de quelqu'un, ou encore pour lui rafraîchir la mémoire, renouer, reprendre contact ou créer un lien tout simplement. Et s'il vous arrive d'avoir des trous de mémoire, plantez-y des chrysanthèmes et l'or de vos souvenirs brillera de nouveau...

Le dahlia et le souci du 3 au 9 décembre

Le dahlia

Vers la fin du XVIIIe siècle, parmi les quelques Indiens qui survécurent à la christianisation et à la civilisation de leur culture toltèque d'abord, aztèque ensuite, le botaniste suédois Andréa Dahl vit et cueillit pour la première fois cette plante pourvue de fleurs superbes, qui poussait au Mexique, et dont les mêmes Indiens se paraient dans leurs fêtes religieuses dites païennes, qui devinrent peu à peu les processions chrétiennes que l'on peut voir encore aujourd'hui. Ainsi, le dahlia porte son nom. Il s'agit d'une belle fleur aux pétales dentelés, d'un beau rouge vif le plus souvent, mais qui adopte presque toutes les couleurs. Nous pouvons supposer que les Indiens du Mexique voyaient en elle un symbole de naissance, de renouveau, et qu'elle devint ainsi pour eux une fleur solaire, sa forme et ses couleurs, rouge et jaune surtout, lui donnant tous les attributs de l'astre du jour, occupant le signe du Sagittaire, à l'instant de votre naissance. Depuis son apparition en Europe, vers la fin du XVIIIe siècle donc, on vit en elle un symbole de naissance, de nouveauté et de renouveau. Vous pouvez donc tout naturellement vous en offrir pour fêter votre anniversaire. Mais lorsque la vie vous fait un cadeau ou que vous exaucez l'un de vos vœux, offrez-vous un bouquet multicolore en gage de reconnaissance ou de remerciement à la vie, au ciel, ou à la divinité de votre choix. Enfin, choisissez le dahlia, votre fleur emblème, pour exprimer à un être cher le bonheur que vous éprouvez grâce à lui, ou que vous partagez avec lui.

Le souci

Les soucis, autrement dit les inquiétudes, ne présentent d'emblée aucune analogie avec ces jolies fleurs jaunes pourvues d'une longue tige. Son nom, *soussie*, initialement du genre féminin, dérive du latin *solsequia*, qui signifie : « qui suit le soleil ». Dès lors, comment une fleur qui suit la course du soleil et bénéficie de ses bienfaits, pourrait-elle vous causer du souci ? Gardien du potager du fait que sa présence et son odeur chassent les insectes, le souci, la fleur du calendula, est une plante aux riches vertus médicinales, toujours couramment employée de nos jours, notamment en homéopathie, sous forme de teinture mère, aux principes antiseptiques très efficaces. Son homonymie avec le souci, l'inquiétude ou la préoccupation, en fait la fleur du chagrin et de l'affliction. En réalité, au Moyen Âge notamment, on recommandait d'en porter toujours sur soi, ou d'en garder à portée de la main, pour éviter les contrariétés, les petits maux et les vicissitudes de l'existence. En d'autres termes, le souci faisait office de talisman. Ainsi, offrez-vous un bouquet de soucis, et dites-vous à vous-même : « Que ces quelques fleurs deviennent les moindres de mes soucis ! »

L'angélique et le jasmin du 10 au 16 décembre

L'angélique

Voici la plante des anges, pourvue de petites fleurs jaunes à cinq pétales, qui apparaissent vers la fin juin ou au début du mois de juillet, et que les médecins et herboristes du XVIe siècle surnommaient « l'herbe aux Anges » ou « la racine du Saint-Esprit ». La fleur d'angélique se compose de grandes ombelles (mot dérivant du latin *umbella*, « parasol », désignant les ramifications du pédoncule, qui s'épanouissent de telle sorte que toutes les fleurs semblent disposées dans un même plan), parfumées, jaune verdâtre. Son nom originel se révélait plus noble encore, puisqu'il s'agissait, à la Renaissance, de l'archangélique, qui faisait allusion à une légende biblique, attribuant la révélation des vertus bienfaisantes, tout à fait exceptionnelles, de cette plante, à l'archange Raphaël. En effet, en hébreu, Raphaël signifie « Dieu guérit ». Ainsi, les juifs, puis les chrétiens, virent en Raphaël, l'ange de la guérison, puis l'ange gardien de l'humanité (Tobie 12, 15). Si l'angélique connut un tel succès à la Renaissance, c'est tout simplement parce que ses propriétés se révélèrent un excellent remède préventif contre la peste. L'alchimiste et médecin suisse Paracelse (1493-1541) y fait allusion à propos de la peste qui sévit à Milan en 1510. En analogie avec ses propriétés thérapeutiques, offrir des feuilles ou des fleurs d'angélique, constitue un gage de longévité, de bonne santé, de résistance à toute épreuve. D'autre part, en conservant les fleurs et feuilles séchées toute l'année, vous pouvez disposer d'un véritable porte-bonheur, une sorte de grigri pour âme sensible et superstitieuse. Enfin, en laissant macérer dans un vin blanc doux, 50 grammes de tiges fraîches ou de racines, vous vous concocterez un vin d'angélique, un excellent fortifiant naturel.

Le jasmin

D'où vient cette belle fleur blanche, étoilée ou en forme de clochette ? Bien qu'introduite au Proche-Orient par les Perses, puisque son nom, yasamin, tient son origine du persan, elle prit plus probablement racine en Inde et en Chine simultanément. Plante et fleur cosmopolite, nous en trouvons un peu partout dans le monde. Son parfum si caractéristique ne manque pas d'exotisme. Il nous plonge dans l'univers des senteurs d'Arabie et d'Asie. Les musulmans ne s'y trompèrent pas, qui firent du jasmin la fleur de Fatima, la fille du prophète Mahomet. En Polynésie, la fleur de tiare, une espèce de jasmin ou de gardénia, s'impose tel l'emblème de Tahiti. Le monoï, huile de noix de coco que les vahinés (mot qui signifie femmes en polynésien) emploient pour nourrir et vivifier leur chevelure, se compose d'un mélange subtil à base d'huile de coprah, de bois de santal et de fleurs fraîches de jasmin. La créatrice de mode française, Gabrielle Chanel, dite Coco Chanel, née le 19 août 1883 sous le signe du Lion, qui fit du jasmin la base de son fameux parfum N° 5, disait qu'il s'agissait « d'un parfum de femme à odeur de femme. »[5] Mais en ce qui vous concerne, vous devez surtout fixer votre attention sur les symboles de sympathie, de respect et d'estime de soi et d'autrui, d'hospitalité ou de volupté qui s'y rattachent…

5 Cité par Tristan Hordé, ***Dictionnaire culturel de la langue française***, Le Robert, Paris, 2005.

Le camélia du 17 au 21 décembre

Bien que son nom partage les mêmes origines que celui du chameau dans le grec *kamêlos*, cette fleur ne présente aucun lien avec cet animal du désert. Le médecin, naturaliste et botaniste suédois Carl von Linné lui attribua ce nom au début du siècle suivant pour rendre hommage au jésuite, missionnaire en Extrême-Orient et botaniste G. J. Kamel, qui rapporta cette belle fleur d'Asie en Saxe, vers la fin du XVIIe siècle. De nos jours, cette fleur que l'impératrice Joséphine appréciait tout particulièrement, et qui ornait ainsi les jardins du château de Navarre et ceux de Malmaison, après sa répudiation par Napoléon, devint célèbre sous la plume d'Alexandre Dumas, dans son œuvre *La Dame aux camélias*, dont l'héroïne, Marguerite Duplessis, meurt dans les affres de la phtisie. Par la suite, Giuseppe Verdi, s'inspirera de cette œuvre dramatique pour composer un opéra qui deviendra tout aussi célèbre : *La Traviata* ! Mais les œuvres de ces deux grands artistes, ne signalent pas que cette belle fleur symbolise la fierté au sens le plus noble, non l'orgueil, la suffisance, la vanité ou l'arrogance, mais la noblesse de cœur, des sentiments purs, des actes, la dignité, l'héroïsme, la gloire. À cette nuance près que les camélias rouges expriment plutôt le dépit, le désappointement, une blessure d'amour-propre dont, plus que tout(e) autre vous pouvez vous sentir victime lorsque l'on met votre sens de l'honneur et de votre générosité en doute. Quant aux camélias blancs, ils vous donnent l'occasion de manifester votre joie à l'état pur, tandis que les camélias roses vous permettent de dire à la personne à qui vous en offrez que vous êtes tout particulièrement sensible à l'attention qu'elle vous porte.

Soyez un
ANGE

C'est au début du VIe siècle de notre ère que Denys l'Aéropagite, un moine syrien, s'inspirant des croyances des juifs, des chrétiens et des zoroastriens, mais aussi sous l'influence de *Plotin* et de *Platon*, deux philosophes grecs, composa une Hiérarchie Céleste, un monde des Anges en neuf degrés. Celle-ci jouera un rôle considérable dans l'élaboration de la pensée chrétienne à l'époque médiévale. Puis, tout au long du Moyen Âge et jusqu'à la Renaissance, les anges prenant de plus en plus d'importance dans le cœur, les croyances et la vie des femmes et des hommes, ils devinrent leurs protecteurs et leurs serviteurs.

La Hiérarchie Céleste selon Denys l'Aéropagite se compose de neuf Sphères ou Chœurs d'anges-génies, et chacune d'elles ou chacun d'eux de neuf anges : les Séraphins, les Chérubins, les Trônes, les Dominations, les Puissances, les Vertus, les principautés, les archanges et les anges. À partir de cette composition, les astrologues et les kabbalistes de la Renaissance, répartirent les 72 anges de la Hiérarchie Céleste dans les 360 degrés du zodiaque, chaque ange ayant sa demeure dans un demi-décan — soit 5 degrés du zodiaque – d'un signe astrologique, renouant ainsi avec un principe qui était déjà en usage chez les astrologues des XIe et XIIe siècles, très influencés par les astrologues, astronomes et mathématiciens arabes.

Ainsi, d'après votre jour et votre mois de naissance, vous pouvez découvrir quel ange vous guide, vous accompagne et vous protège tout au long de votre vie. L'ange, votre double céleste, n'attend que vous. Il vous donne l'exemple afin que vous deveniez son égal. Faites comme lui : soyez un ange !

L'ange de la Bienveillance du 22 au 26 novembre

Voilà un sentiment qui se perd, dont bien peu d'entre nous font encore preuve dans ce monde instable et tourmenté. Et pourtant, se préoccuper de ses proches, de ses voisins, de son prochain, d'où qu'il vienne et où qu'il vive, veiller à son bien-être, voilà qui nous aiderait tous à vivre en bonne intelligence, et peut-être un jour à ne plus nous critiquer, nous juger, nous condamner les uns les autres. Certes, le vide religieux et spirituel de nos sociétés et, plus généralement, de nos civilisations, ne favorise pas beaucoup les efforts que chacun de nous pourrait faire pour nous comprendre, pour nous intéresser vraiment les uns aux autres. Toutefois, en ce qui vous concerne, il semble bien que l'ange qui plane au-dessus de votre tête ou qui sommeille en vous, vous pousse à faire preuve de souplesse d'esprit, de générosité, de bienveillance pour tout dire, tout en vous montrant respectueux des règles, des principes, des lois. Voilà qui devrait vous donner des ailes !

L'ange de l'Éloquence du 27 novembre au 1er décembre

L'éloquence elle aussi se fait de plus en plus rare de nos jours. Nous entendons surtout beaucoup de bavardages, de paroles pour ne rien dire, de mauvaises pensées ou de mauvais sentiments exprimés sans aucune retenue, par l'intermédiaire des médias et de l'Internet surtout. Mais aussi, si vous prêtez l'oreille, partout où des personnes se croisent, se rencontrent, se regroupent. Cependant, votre ange vous invite quant à lui à vous positionner au-dessus de la mêlée, à faire des efforts pour mettre en application l'adage suivant lequel ce qui se conçoit bien, s'exprime clairement, autrement dit avec éloquence. Dès lors, si vous vous découvrez des talents d'orateur ou d'oratrice, de pédagogue, ou si vous souhaitez tout simplement capter l'attention de vos proches ou de vos interlocuteurs, dites franchement, simplement, clairement ce que vous pensez. Il ne s'agit pas de céder à la faconde ni à l'emphase, comme le font si aisément les femmes et les hommes politiques plus soucieux de convaincre leur auditoire, que d'agir pour le bien public, mais de vous montrer éloquent, autrement dit de dire une chose que vous pensez sincèrement, et d'agir en conséquence.

L'ange du Salut du 2 au 6 décembre

Voilà encore un terme si peu en usage de nos jours, que nous le confondons aussitôt avec le fait de se saluer, de se dire bonjour ou au revoir, témoignant ainsi de notre politesse vis-à-vis de telle ou telle personne de notre entourage, ou que nous croisons occasionnellement. En réalité, votre ange ne se contente sûrement pas de vous inciter à dire bonjour ou bonsoir ; il vous invite plus exactement à vous préoccuper de ce qu'il nous reste de religion désignait par le salut de votre âme. Mais du fait aussi que la nouvelle religion de la science nie l'existence de l'âme, vous pouvez légitimement vous demander comment vous pouvez vous y prendre pour sauver quelque chose qui n'existe pas. Cependant, si vous voulez bien croire qu'un esprit supérieur, spirituel, transcendant, voire angélique, veille en vous et sur vous, alors vous comprendrez aisément que, par négligence le plus souvent, mais par paresse ou inconscience aussi,

Se taire est salutaire,
et ***le silence est d'or***,
dit-on ou croit-on
communément. Il semble
bien que votre ange pense
le CONTRAIRE.

Dès lors, ***dites clairement et franchement ce que vous pensez***, sans animosité et avec bienveillance. Cela vous réussira.

ne prenant pas le minimum de précautions pour ne pas nous mettre en danger, nous agissons à tort et à travers, sans trop nous soucier de notre responsabilité et des conséquences de nos actes. Voilà tout ce que votre ange vous demande de ne pas faire, pour votre salut !

L'ange du Repentir du 7 au 11 décembre

Qui d'entre nous peut se vanter de ne nourrir aucun regret, aucun remords ? De là à sentir aigri ou coupable, le pas psychologique, inconscient le plus souvent, se franchit aisément. Pourtant, nous disposons d'une autre option que seul un ange évoluant dans le signe du Sagittaire, naturellement porté à l'optimisme et à une certaine simplification des relations humaines (au point que parfois, les natives et natifs de ce signe se montrent un peu trop simplistes), pouvait nous proposer. Il vous la propose à vous tout particulièrement, et rien ne vous interdit d'en faire profiter celles et ceux que vous fréquentez ou que vous croisez sur votre route. En effet, la culpabilité pouvant devenir un obstacle à l'épanouissement de notre personnalité, l'option qui s'offre à nous se présente sous l'aspect du repentir, autrement dit de la faculté de se pardonner à soi-même ses éventuelles fautes ou erreurs, et de faire ainsi en sorte d'alléger notre fardeau. Essayez pour voir !

L'ange de l'Ingénuité du 12 au 16 décembre

Voilà encore un sentiment bien mal côté ou une attitude bien mal estimée de nos jours, du fait que nous interprétons l'un et l'autre sous l'angle de la naïveté, de la simplicité ou du simplisme, de l'innocence ou de la pureté des intentions et des sentiments, à laquelle nous ne croyons plus. Disons-le crûment, faire preuve d'ingénuité dans un monde où règne l'esprit de compétition, autrement dit les sports du mensonge, de la manipulation mentale, de l'hypocrisie, de la tromperie, les jeux de pouvoir et de domination, cela semble bien désuet et totalement inopportun. Et pourtant, si vous aspirez sincèrement et spontanément à mener une existence aussi simple et paisible que possible, en fuyant si possible, non les complications et les difficultés, mais en évitant de fréquenter de trop près celles et ceux qui aiment bien tout compliquer, se trahir et souffrir eux-mêmes, aussi bien que trahir et faire souffrir autrui, alors, fidèle à l'ange qui veille sur vous et votre conscience, vous ferez preuve d'une certaine ingénuité.

L'ange de la Conscience du 17 au 21 décembre

Si vous vous comportez et que vous agissez en votre âme et conscience, selon l'expression consacrée, et si vous vous révélez conscient de vos vraies qualités, alors votre ange vous aidera sûrement à vous élever socialement, à assumer de lourdes responsabilités ou un rôle de chef, à devenir une tête de pont dans votre domaine de compétence. Mais attention, si vous agissez plus par ambition personnelle prête à tout pour se satisfaire, par volonté d'exercer un pouvoir ou un ascendant sur autrui, dépourvu de tout sens communautaire ou de toute solidarité, alors votre ange ne vous guidera pas sur cette voie. Il ne vous y suivra pas non plus. Dans un tel cas de figure, tôt ou tard, en conséquence de vos actes erronés, tel Icare, vous risquez fort de tomber d'aussi haut que vous serez monté grâce à vos ailes aussi artificielles que peuvent l'être les intelligences électroniques. En revanche, si vous apprenez à voler de vos propres ailes avec votre ange et sur la foi de votre bon esprit, alors vous réussirez, mais exclusivement grâce à vos mérites ou afin d'accomplir une juste vocation.

Dans un monde où
règnent en maîtres ***l'esprit
de compétition et les
jeux de pouvoir***, on se
demande bien comment
on peut encore faire
PREUVE D'INGÉNUITÉ.

Et pourtant, vous le pouvez, et ***vous le
prouvez dans les faits***, avec l'aide de
votre ange.

Suivez votre
BONNE ÉTOILE

« Toute personne doit avoir quelque chose qu'elle suive et qui lui serve d'étoile conductrice. Celle qui suit avec conviction le bien et le beau peut se trouver fortifiée par cette parole. »[6] Voici les interprétations des principales étoiles fixes qui se situent dans votre signe du zodiaque : le Sagittaire. Selon les sources les plus anciennes de l'astrologie, les indications révélées par ces étoiles constituaient les premières marques du destin d'une femme ou d'un homme, inscrites dans son ciel natal.

Isidis ou la ville d'Isis du 23 au 27 novembre inclus

Voilà une étoile dont le nom évoquant la grande déesse de l'Égypte antique, nous renvoie à cette grande civilisation et à son sens aussi élaboré qu'évolué du sacré. Située dans le Delta du Nil, cette belle ville aux origines lointaines existe toujours. Vous qui semblez né sous le signe de cette étoile, et qui aimez tant voyager, vous pourriez peut-être vous rendre en Égypte et visiter la ville de votre étoile

6 *Yi King*, Richard Wilhelm, Librairie de Médicis, Paris, 1973.

prédestinée. D'autant qu'elle semble bien vous conférer l'esprit d'un aventurier ou d'une exploratrice, d'une personne aimant les voyages quoi qu'il en soit, s'évader, changer d'horizon. La tradition astrologique lui attribue un certain goût du risque et un amour parfois vindicatif ou intraitable de la vérité. Qu'en pensez-vous ?

Antarès ou l'Anti-Arès (Mars) du 30 novembre au 4 décembre inclus

Cette belle étoile rouge comme la planète Mars (d'où son nom), donne aux personnes dans le ciel desquelles elle brille de tous ses feux, une propension à la hardiesse, aux initiatives audacieuses, aux entreprises risquées, mais aussi, il faut bien le dire, un petit côté casse-cou ou enclin aux coups de tête. Dès lors, il peut leur arriver de se mettre en danger, de commettre des imprudences, ou bien de faire preuve de présomption ou d'arrogance, voire parfois d'effronterie, sans vraiment penser à mal, tout simplement parce qu'elles surestiment leurs capacités ou possibilités.

Rasalhague ou la tête du charmeur de serpent du 4 au 8 décembre inclus

Son nom vous donne déjà un aperçu de la qualité qu'elle confère d'emblée aux personnes qu'elle invite à la suivre en tant que leur bonne étoile : le pouvoir de séduction ! Ainsi, tout être né durant cette période possédera probablement une force de séduction naturelle, du charme, voire un certain charisme. Selon son caractère, elle en fera un usage modéré, ou bien elle en abusera pour satisfaire ses désirs, obtenir ce qu'elle veut. Elle pourra d'autre part montrer un intérêt certain pour toutes les activités médicales, soigner, guérir, etc.

PAROLES
et pensées éternelles des natifs et des natives du Sagittaire

Lorsque leur vient l'inspiration, les paroles et les pensées des Sagittaires nous transportent au-delà de l'horizon. Vous reconnaissez-vous dans leur sagesse ?

Ne t'attache en toi qu'à ce que tu sens qui n'est nulle part ailleurs qu'en toi-même.

André Gide, né le 22 novembre 1869

Le droit de vivre est le droit par excellence, il est tout ce qu'il y a de plus sacré sur terre, il est imprescriptible, attenter à ce droit, c'est le plus grand de tous les crimes.

François Noël Babeuf, dit Gracchus, né le 23 novembre 1760

L'homme libre ne pense à rien moins qu'à la mort, et sa sagesse est une méditation, non sur la mort, mais sur la vie.

Baruch de Spinoza, né le 24 novembre 1632

À mes solitudes je vais,
De mes solitudes je viens.
Car pour aller avec moi-même
Me suffisent mes pensées.

Felix Lope De Vega, né le 25 novembre selon le calendrier julien, le 6 décembre 1562, selon le calendrier grégorien

L'expérience profonde n'a pas de mots.
Plus je m'explique, moins je me comprends.

Eugène Ionesco, né le 26 novembre 1909

Le vrai moyen d'adoucir ses peines est de soulager celles d'autrui.

Françoise d'Aubigné, Marquise de Maintenon, née le 27 novembre 1635

Il y a plus de sagesse dans les tigres du courroux que dans les mules de l'instruction.

William Blake, né le 28 novembre 1757

Si l'individu ne voulait pas ou n'était pas déterminé à commencer à se mouvoir, il ne connaîtrait rien. Si rien ne lui résistait, il ne connaîtrait rien non plus, il ne soupçonnerait aucune existence, il n'aurait pas même d'idée de la sienne propre.

Maine De Biran, né le 29 novembre 1766

Il y a des gens comme ça qui ne reconnaissent pas la haine, pourquoi la reconnaîtraient-ils ? Ils ne l'ont pas connue. Ils sont nés tranquilles et distraits, ils aiment la nature pour la contempler, pas pour la vaincre...

Christine de Rivoyre, née le 29 novembre 1921

Lorsqu'un vrai génie surgit dans le monde, vous le reconnaissez à ce signe que tous les sots sont ligués contre lui.

Jonathan Swift, né le 30 novembre 1667

Ah, Dieu, comme l'esprit peut hésiter dès qu'il s'occupe de considérations morales ou éthiques.

Woody Allen, né le 1er décembre 1935

Il est de la nature de l'évidence qu'elle passe inaperçue.

Jean Paulhan, né le 2 décembre 1884

Ce n'est que quand je chantais que je me sentais aimée.

Maria Callas, née le 2 décembre 1923

Je n'aime pas le travail, nul ne l'aime ; mais j'aime ce qui est dans le travail l'occasion de se découvrir soi-même.

Joseph Conrad, né le 3 décembre 1857

La mort est ce côté de la vie qui n'est pas tourné vers nous, ni éclairé par nous.

Rainer Maria Rilke, né le 4 décembre 1875

L'objet de la recherche n'est plus la nature en soi, mais la nature livrée à l'interrogation humaine, et dans cette mesure l'homme ne rencontre ici que lui-même.

Werner Heisenberg, né le 5 décembre 1901

C'est bien plus souvent dans les petites choses que dans les grandes que l'on connaît les gens courageux.

Baldassare Castiglione, né le 6 décembre selon le calendrier julien, le 17 décembre 1478 selon le calendrier grégorien

Il n'y a d'opinion que de ce qu'on ne connaît pas.

Gabriel Marcel, né le 7 décembre 1889

Si tu as bon estomac, bons poumons et bon pied, les richesses des rois ne pourront rien t'apporter de plus.

Horace, né le 8 décembre selon le calendrier julien, le 19 décembre 65 avant notre ère selon le calendrier grégorien

La raison et la politique suivent rarement le même chemin.

Marie Stuart, née le 8 décembre selon le calendrier julien, le 19 décembre 1542 selon le calendrier grégorien

L'enfance révèle ce que sera un homme,
Comme le matin révèle ce que sera le jour.

John Milton, né le 9 décembre 1608

Le poète fait comme la nature : il donne la vie à ce qui n'a pas vécu. L'historien rêve une chimère. Il veut ressusciter ce qui est mort à jamais.

Pierre Louÿs, né le 10 décembre 1870

Tout ce qui était n'est plus ; tout ce qui sera n'est pas encore. Ne cherchez pas ailleurs le secret de nos maux.

Alfred de Musset, né le 11 décembre 1810

Un seul objectif détermine le sens des grands conglomérats humains : gagner pour les hommes le droit d'être dissemblables, de sentir, de penser, de vivre chacun à sa manière.

Vassili Grossman, né le 12 décembre 1905

Les vagues murmurent leur murmure éternel.
Le vent souffle, les nuages fuient.
Froides, indifférentes, les étoiles scintillent.
Un fou attend une réponse.

Heinrich Heine, né le 13 décembre 1797

Il n'y a pas de grandeur pour qui veut grandir. Il n'y a pas de modèle pour qui cherche ce qu'il n'a jamais vu.

Paul Éluard, né le 14 décembre 1895